SEE
LICHTUNG
WALD
WASSER-
FALL
TERRA
(ROTE ERDE)
LOCH IM
FELS & BAUM
SCHULE IM
FELS
STRAND
EISDIELE

BRITTA SABBAG

DIE DINOSCHULE

Achtung, Vulkanausbruch!

Mit Illustrationen von Clara Vath

SCHNEIDERBUCH

Bisher bei Schneiderbuch erschienen:

Die Dinoschule – Betreten für Eltern verboten! (Band 1)
Die Dinoschule – Rettet Sauritius! (Band 2)
Die Dinoschule – Findet das Flugungeheuer! (Band 3)
Die Dinoschule – Achtung, Vulkanausbruch! (Band 4)
Die Dinoschule – Flucht vor dem Hurrikan! (Band 5)
Die Dinoschule – Auf die Lehrer, fertig, los! (Band 6)
Die Dinoschule – Vorsicht, klein und bissig! (Band 7)

3. Auflage 2026
Originalausgabe

Verlagsgruppe HarperCollins Deutschland GmbH
Valentinskamp 24 · 20354 Hamburg
info@harpercollins.de

Einband und Illustrationen: Clara Vath
Gesetzt aus der Kievit
von Achim Münster, Overath
Druck und Bindung: Grafisches Centrum Cuno, Calbe
Printed in Germany · ISBN 978-3-505-15128-6

www.schneiderbuch.de
Facebook: facebook.de/schneiderbuch
Instagram: @schneiderbuchverlag

Wenn es möglich ist, Berge zu versetzen,
dann geht das auch mit Vulkanen.
Und wenn das möglich ist, ist alles möglich.
BS

INHALT

KAPITEL 1

RUHE IST WAS FÜR ANFÄNGER

»Ach, ist das schön«, seufzte Freddy.

Er hatte sich zusammen mit Tom und Onea auf die Bank vor der einzigen Eisdiele der Insel gesetzt. Sie war so winzig, dass nur ein kleiner Tisch mit zwei Stühlen hineinpasste.

»Dass es hier überhaupt eine Eisdiele gibt, ist erstaunlich«, bemerkte Onea und schleckte an ihrem Pistazieneis. »Ich meine, Sauritius ist ja alles andere als eine Touri-Insel.«

Freddy nickte glücklich. Er hatte sich einen Fantasie-Eisbecher mit fünf Kugeln auf Sahne gegönnt. Und das noch vor der Schule. Allerdings startete diese heute erst in der vierten Stunde. Auf Sauritius tickten die Uhren manchmal anders. Hier war einiges anders, als die Kinder es aus ihrem bisherigen Leben kannten: Schließlich war Sauritius der einzige Ort auf der Welt, an dem Dinosaurier überlebt hatten. Die Insel war auf keiner Karte der Welt verzeichnet – und das war gut so, denn nur so konnte ihr Geheimnis bewahrt werden.

»Klar, dass du wieder übertreiben musst«, sagte Tom grinsend, der sich für einen einfachen Vanilleshake entschieden hatte.

»Hier ist trotzdem ziemlich viel los gewesen in letzter Zeit.« Freddy seufzte und schloss die Augen, während er sich eine Riesenportion Eis mit Sahne in den Mund schob. »Ist doch toll, dass jetzt endlich Ruhe ist.«

»Ruhe ist was für Anfänger«, antwortete Tom und sprang auf. »Her mit den Abenteuern!«

»Du hast wohl nie genug?« Onea lachte.

»Nein, du etwa?«, fragte Tom.

Onea überlegte. Dann schüttelte sie entschieden den Kopf. »Mir kommt es, seit ich auf Sauritius bin, schon komisch vor, wenn hier längere Zeit nichts passiert.«

Freddy blickte nicht von seinem Eis auf. »Ihr seid echt komisch. Wer zieht wilde Monster, Flugungeheuer, Gefressenwerden und Lebensgefahr denn einem Eis und Ruhe vor?«

Tom und Onea sahen sich an und lachten. »Wir!«

»So, Kinder. Heute lernen wir etwas über Erdbeben.«

Doc Ponti, der Lehrer im Fach Naturwissenschaften an der Reptilia-Schule, zeigte mit seinem verlängerten Kugelschreiber auf die Zeichnung an der Klassenwand.

»Gründe für Erdbeben können sein …?«, fragte er in die Runde.

Onea zeigte als Erste auf.

»Ja?«, nickte Doc Ponti.

»Tektonische Verschiebungen«, antwortete Onea. »Da bewegen sich Erdplatten so gegeneinander, dass es zu Rissen in der Erdkruste kommt.«

»Sehr gut«, lobte Doc Ponti. »So etwas kommt auf Inseln wie dieser hier auch vor.«

»Na toll«, murmelte Freddy. »Super Aussichten, dass zu allem anderen hier auch noch offene Erdspalten dazukommen.«

»Wenn so etwas passiert, löst das eine Kettenreaktion aus. Dann kann es auch dazu kommen, dass ein ruhender Vulkan ausbricht und dass glühend heißes Magma aus der Tiefe der Erde aufsteigt. Das, was dann aus dem Vulkan herausfließt, kennt ihr sicher alle: Lava.«

»Gut, dass wir hier keinen Vulkan haben«, sagte ein Schüler namens Leo, der bei Doc Pontis Worten ein bisschen blass im Gesicht geworden war.

»Na klar haben wir hier einen.«

Tom, Onea und Freddy drehten sich um. Das Mädchen, das gerade gesprochen hatte, war ihnen bisher noch gar nicht aufgefallen. Sie hatte kurzes, rotblondes Haar und trug eine Latzhose.

»Habt ihr euch denn noch nie gefragt, warum da dieser riesige Berg mitten auf der Insel steht, der aussieht wie ein Krater?«

Tom, Onea und Freddy schwiegen verblüfft. Sie hatten sich nie näher mit dem Berg beschäftigt. Für sie war es eben immer »nur« ein Berg gewesen, der für Appi und Kalle zu steil zum Erkunden war.

»Das heißt, Sauritius ist eigentlich eine Vulkaninsel?«

Natürlich war Onea das Gestein aufgefallen, das es überall auf der Insel gab und das demnach erkaltete Lava sein musste. Aber auf einen Vulkan war sie nicht gekommen.

»Das stimmt.« Doc Ponti nickte

dem Mädchen zu. »Ranja hat recht. Der Tidde, so heißt der Vulkan, ist schon sehr lange nicht mehr aktiv«, ergänzte er. »Wir rechnen mit einem Ausbruch ungefähr alle tausend Jahre.«

»Und wann war der letzte Ausbruch?«, fragte Onea.

Doc Ponti runzelte die Stirn. »Soweit ich mich erinnern kann, sagen die Aufzeichnungen, dass es ungefähr achthundert Jahre her sein muss.«

»Puh«, machte Freddy. »In zweihundert Jahren erst wieder! Davon kriegen wir nichts mit!«

Doch Onea grübelte. Kein Vulkan der Welt hielt sich an Pläne. Ein gutes Gefühl hatte sie jedenfalls nicht. Sie würde sich heute Nachmittag in der Schulbibliothek schlaumachen, das nahm sie sich ganz fest vor.

»Ich bin Ranja.«

Tom, Onea und Freddy sahen von ihrem Mittagessen auf.

»Das haben wir gehört«, sagte Tom etwas unfreundlich. Er mochte es nicht, beim Essen gestört zu werden.

»Setz dich zu uns!« Freddy ignorierte Toms Laune.

»Oh, danke, das ist cool!« Ranja ließ sich sofort neben Onea auf der Bank nieder. »Mittagessen mit den drei Dinohelden von Sauritius!«

Tom verdrehte erst die Augen und warf Freddy dann einen bösen Blick zu.

»Was denn?«, fragte der, »es heißt doch, es ist immer gut, neue Kontakte zu knüpfen.« Dann lächelte er Ranja an. »Vor allem, wenn sie so nett sind.«

Onea musste zugeben, dass sie Tom insgeheim recht gab. Tom, Freddy und sie waren durch die letzten Abenteuer zu einem so eingespielten Team geworden, dass Ranja ihr gerade wie eine unnötige Störung vorkam. Doch sie wollte nicht unhöflich sein. »Ich bin Onea, das ist Freddy, und der da ohne Manieren ist …«, sie deutete auf Tom, der nicht von seinem Essen aufsah, »Tom.«

Auch sie erntete jetzt einen scharfen Blick von Tom, den sie aber cool übersah.

»Ihr habt auch die Gemüse-Paella gewählt«, fuhr Ranja fröhlich fort, »ich entscheide mich immer für das Gemüse-Gericht, wenn es möglich ist.«

Das gefiel Onea, denn sie selbst wählte auch immer die vegetarische Alternative in der Schulkantine. Sie aß kein Fleisch mehr, seit sie sechs Jahre alt war, und hatte festgestellt, dass Freddy in letzter Zeit in der Kantine häufig das Gleiche aß wie sie. Vielleicht hatten die ständigen Dino-Fütterungen ihn abgeschreckt.

Tom pfiff durch seine Vorderzähne. »Pfft! Dann geh doch mit deinem Gemüse dahin, wo die Karotten wachsen!«

Onea wusste, dass er es nicht mochte, wenn andere Kinder sich wie Fans an die Sauritius-Helden und -Heldinnen heranschmissen. Allerdings gefiel es ihm schon, ein Held hier auf der Insel zu sein.

»Pfeffer«, verbesserte sie ihn jetzt.

Tom sah sie fragend an.

»Wo der Pfeffer wächst, heißt es«, ergänzte Onea.

»Ist doch egal«, murmelte Tom.

Freddy begann, langsamer zu kauen, um jedes Wort zwischen den beiden mitzubekommen. Wortgefechte hatte er nämlich lange nicht mehr erlebt, seit Tom und Onea im selben Team kämpften. Ganz zu Beginn, als sie alle drei noch neu auf Sauritius gewesen waren, hatten die beiden sich ständig gestritten. Aber das war lange her. Seitdem hatten sie einen T-Rex davon abgehalten, sie zu fressen. Und ein Meeresmonster eingefangen. Und die ganze Insel vor Eindringlingen gerettet. Wen störte da schon eine Gemüse essende Nervensäge?

»Na ja, also ich finde in jedem Fall toll, was ihr schon alles für die Insel getan habt«, fuhr Ranja kauend fort. »Ich würde zu gerne mitmachen!«

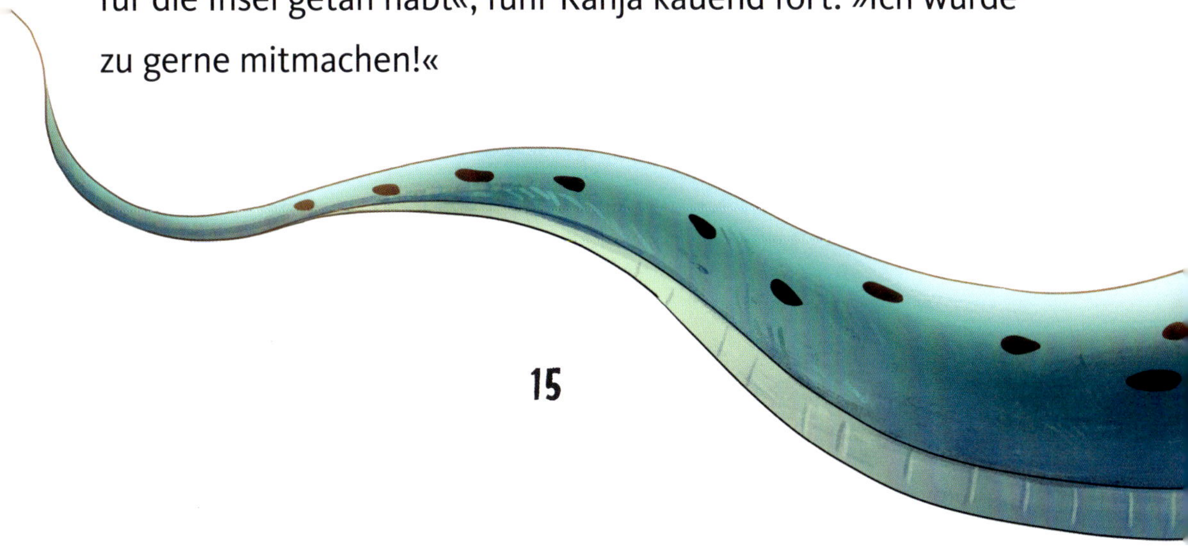

Tom verdrehte die Augen in Richtung Onea. »Dein Ding!«

Damit meinte er, dass Onea sich um Ranja kümmern sollte und er nicht vorhatte, das Gespräch mit ihr fortzusetzen.

»Also ich finde, sie hat recht«, klinkte sich jetzt Freddy ein. »Wir sind echt überlastet seit unserer Ankunft hier. Ständig irgendwelche Rettungsmissionen! Immer Überstunden!«

Onea grinste. »Überstunden? Wofür?«

Freddy grübelte kurz. »Für Abenteuer!«

»Einfach genial«, sagte Ranja staunend.

»Okay, das ist mein Stichwort.« Tom legte den Rest seines Würstchens zurück auf den Teller, wischte sich die Hände und den Mund sorgfältig an einer Recycling-Serviette ab und stand auf. »Ihr könnt ja gerne weiter über Abenteuer reden. Ich erlebe lieber wirklich welche.«

Onea und Freddy wussten, was das hieß. »Du willst noch mal raus?«

»Ein Ausritt war für heute gar nicht mehr geplant!«, sagte Freddy besorgt. Er würde seinen Freund nicht alleine ausreiten lassen. Aber Lust, sich jetzt mit vollem Bauch auf Kalle zu schwingen, hatte er keine.

Tom schüttelte den Kopf. »Ich will zu Fuß los. Kleine Wander-Tour zum Tidde.«

Onea musste er so etwas nicht zweimal vorschlagen. »Da bin ich dabei«, sagte sie lässig. »Immerhin ist uns allen da etwas Wichtiges entgangen.«

»Er ist mit 3715 Metern die höchste Erhebung auf Sauritius. Und liegt 7500 Meter über dem Meeresboden«, erklärte Ranja.

»Oh, wie super, sie hat was nachgelesen«, ätzte Tom.

Onea spürte, wie es in ihrem Magen rumorte – und das kam sicher nicht von der guten Paella. Immerhin war sie bisher diejenige in der Gruppe gewesen, die alles Wissenswerte über die Insel im Kopf hatte. Andererseits konnte sie Toms ablehnende Haltung Ranja gegenüber nicht so einfach stehen lassen.

Deshalb nickte sie Ranja zu. »Hey, das ist ja interessant! Das wussten wir noch nicht.«

»Ich kann euch noch mehr über den Vulkan erzählen, auf dem Weg dahin«, erklärte Ranja aufgeregt. »Meine Mutter ist die neue Vulkanologin hier auf der Insel. Wir sind gestern erst eingetroffen.«

»Ganz sicher nicht«, murmelte Tom.

»Das wäre schön«, sagte Onea zeitgleich. »Es ist gut, so viel wie möglich über unsere Insel zu wissen.«

»Wenn alle gehen, dann komme ich halt auch mit«, sagte Freddy und schnappte sich sein Saftglas, das er in einem Zug leerte. »Mitgehangen, mitgefangen!«

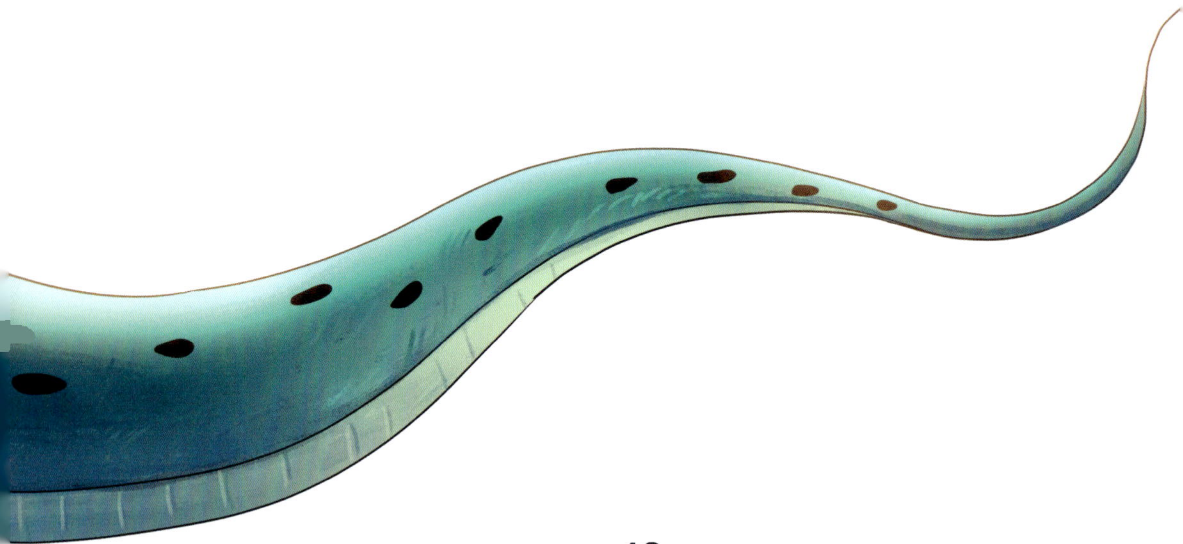

KAPITEL 2

GEFÄHRLICHES GRUMMELN

»Wow, ich kann's immer noch nicht glauben«, flüsterte Ranja gerade so laut, dass es alle hören konnten. »Ich bin mit den Sauritius-Helden unterwegs!«

»Ich glaub's auch nicht«, murmelte Tom. Onea grinste. Ranja übertrieb ein bisschen mit ihrer Begeisterung für ihre Truppe, das stimmte. Aber es war ja alles andere als böse gemeint und Tom stellte sich in ihren Augen ziemlich an.

Während der gesamten Wanderung zum Berg erzählte Ranja unaufhörlich, was sie über Vulkane wusste. »Lava kann ewig lange oder auch ultraschnell abkühlen. Fließt sie aus einem Vulkan, der sich am Meeresboden befindet, kühlt sie sofort ab. Wisst ihr, das ist wirklich stark anzusehen! Ich habe mir einige Aufnahmen aus dem Lava-Archiv angeguckt – megaspannend! Sprudelt die Lava aber aus einem Landvulkan, kühlt sie erst allmählich beim Hinabfließen ab, und das kann ewig dauern!«

»So wie dieser Spaziergang hier«, nörgelte Tom.

»Stimmt«, ächzte Freddy, »wir hätten doch besser reiten sollen!«

»Kalle wäre diesen Berg niemals hochgekommen«, lachte Onea und sah auf. Sie waren am Fuß des Vulkans Tidde angekommen. Ranja überholte Tom mit großen Schritten und kletterte über die stufenartig angeordneten Steine nach oben.

»Ach, leitest du jetzt unsere Expedition?«, fragte Tom augenrollend.

Doch Ranja ließ sich nicht beirren. »Ich bin sicher, sie haben meine Mutter nicht umsonst von ihrem aktuellen Forschungsprojekt auf den Liparischen Inseln hierhergeholt. Wir mussten Knall auf Fall unsere Sachen packen und herkommen. Hier ist was im Busch! Oder ...«, sie hielt kurz inne und drehte sich zu den anderen um, »besser gesagt: im Vulkan!«

»Was meinst du?«, fragte Onea.

»Hoffentlich nicht das, was ich denke«, mischte sich Freddy ein. »Ich hatte nicht vor, heute noch gut durchgebraten zu werden!«

»Medium rare, bitte«, scherzte Tom. »Als ob hier ein Ausbruch anstünde! Ihr habt Doc Ponti doch gehört, das ist frühestens in ein- oder zweihundert Jahren so weit.«

Onea blieb nachdenklich stehen. »Doc Ponti hat auch behauptet, dass das Meeresmonster ausgestorben ist.«

»Ich sag ja, da ist was im Busch«, wiederholte Ranja. »Wir sollten eigentlich noch sechs Monate auf den Liparischen Inseln bleiben, um die beiden Vulkane Vulcano und Stromboli zu untersuchen. Also meine Mutter. Aber ich bin auch Expertin, zwangsläufig, denn zu Hause gibt es kein anderes Thema.« Ranja seufzte kurz. »Wo auch immer zu Hause ist.«

Onea verstand auf Anhieb, was Ranja meinte. Forscherkinder hatten es nicht leicht, irgendwo anzukommen. Ständig gab es irgendwo auf der Welt neue Ausgrabungsorte, an denen etwas gefunden wurde. Das viele Umziehen in der Vergangenheit war auch ihr schwergefallen, und sie wusste, dass es Tom bis zu ihrer Ankunft auf Sauritius ähnlich gegangen war.

»Na ja, glaubt es oder nicht, dort soll sogar der vulkanische Feuergott wohnen!«, erzählte Ranja weiter.

»Sag bloß, du hast ihn gesehen?«, rief Freddy staunend von hinten, der den Aufstieg noch nicht begonnen hatte und deswegen ein wenig zurückgeblieben war.

»Also, gesehen habe ich ihn noch nicht«, antwortete Ranja. »Aber man weiß ja nie.«

»Spannend, die Mythologie«, sagte Onea. »Dafür habe ich mich auch schon immer interessiert.«

Ranja lächelte. »Danach hätten wir eigentlich weiter auf die schottische Insel Skye ziehen sollen, weil dort neue Dino-Fußabdrücke im Vulkangestein aufgetaucht sind. Aber dann sind wir ganz plötzlich hierhergerufen worden.«

»Von wem?«, wollte Tom jetzt wissen.

»Von den Procter-Geschwistern persönlich«, antwortete Ranja.

Onea und Tom tauschten vielsagende Blicke aus. Die Procter-Geschwister, Lilly und Sam Procter, leiteten alle Forschungsteams auf Sauritius und waren sozusagen die »Oberforscher« auf der Insel. Sie hatten in der Vergangenheit schon zahlreiche Entdeckungen in verschiedenen Ländern auf der Welt gemacht und Preise erhalten, und einige Funde waren sogar nach ihnen benannt. Nun lebten sie auf Sauritius – und in der restlichen Welt galten sie als verschollen.

Dass sie jetzt Kontakt zu einer Vulkanologin außerhalb der Insel aufgenommen hatten, bedeutete eigentlich, dass etwas Wichtiges im Gange war. Aber was sollte das sein?

Alles um sie herum war so ruhig, dass es fast schon langweilig wirkte.

»Vielleicht wurden hier ja auch neue Fußabdrücke gefunden«, sagte Tom lässig.

»Vielleicht«, wiederholte Onea. Aber sie hatte ein seltsames Gefühl dabei.

»Nur mal so ’ne klitzekleine Frage«, rief Freddy von hinten, nachdem er die ersten Meter bergauf gemacht hatte, »wie lange dauert so ein Aufstieg auf einen ... Was sagtest du ... Dreitausender?«

»Geübte Wanderer schaffen das locker in zwei Tagen«, sagte Ranja.

Onea lachte über Freddys entsetztes Gesicht. »Es gibt eine natürliche Aussichtsplattform, die sollten wir in ein, zwei Stunden gut erreichen, bevor es dunkel wird.«

Freddy schnaufte.

»Ich könnte hier unten warten ...«

Da tauchte wie aus dem Nichts eine Gruppe

Utahraptoren hinter einem Felsbrocken nur ungefähr zwanzig Armlängen entfernt auf. Mit einer Länge von bis zu sieben Metern waren diese Dinos nicht zu unterschätzen, auch wenn sie nicht unbedingt Jagd auf Menschengruppen machten. Wohingegen ein einzelnes Kind nicht wirklich sicher vor ihnen war.

Freddy blickte nach oben. »Es ist wohl doch besser, wenn ich mitkomme. Ich kann euch ja nicht einfach alleine dem Berg überlassen.«

Onea grinste. »Nein, das stimmt. Und was die Utahraptoren da hinter dir angeht, ist es wohl auch besser so.«

»Puh«, stöhnte Freddy. »Wie lange noch?«

Die anderen waren ebenfalls mehr außer Puste, als sie angenommen hatten. So ein Aufstieg war einfach nicht zu unterschätzen.

»Gerade mal die Hälfte geschafft«, schätzte Tom.

»Ein Drittel«, korrigierte Onea.

»Stimmt.« Ranja nickte.

»Oh Mann«, stöhnte Freddy außer Atem, während er seine Arme auf die Knie stützte, »ich überlege langsam, ob die Utahraptoren nicht doch die bessere Entscheidung gewesen wären.«

»Ach was, der letzte Teil geht jetzt schnell!«, versuchte Onea ihn aufzuheitern. Doch Freddy schnaufte wie eine alte Dampflock. »Sport ist nicht so mein Ding! Gehirnjogging schon eher!«

Alle lachten, als es plötzlich grummelte.

Onea schaute verwundert in Richtung Bergspitze. »Zieht ein Gewitter auf?«

Die anderen folgten ihrem Blick. Doch am Himmel waren nur ein paar harmlose Wolken zu sehen.

»Komisch«, grübelte Tom.

Dann begann der Boden unter ihnen zu beben. Es war, als würden ihre Füße zittern, und obwohl sich nichts um die vier Kinder herum bewegte, war das Vibrieren im ganzen Körper zu spüren.

»Ein Erdbeben!«, rief Freddy.

Alle blieben wie angewurzelt stehen.

»Das ist kein Erdbeben«, sagte Ranja.

»Was dann?«, fragte Freddy.

Die anderen sahen einander ernst in die Augen, während das Grummeln wieder verstummte.

»Kann mir mal einer sagen, was hier los ist?«, hakte Freddy nach.

»Jetzt weiß ich es«, sagte Ranja nachdenklich. »Sie müssen gewusst haben, dass die Strahlungstemperatur, also die Temperatur rund um den Vulkan, sich erhöht hat. So was passiert immer einige Jahre im Voraus.«

»Wer ist *sie*?«, fragte Tom.

»Die Procters«, antwortete Ranja. »Erhöht sich die Strahlungstemperatur, ist eine Eruption ziemlich genau vorauszusagen. Ich glaube, deswegen haben sie meine Mutter geholt.«

»Wie genau?«, fragte Onea.

»Bis auf ein, zwei Jahre genau«, sagte Ranja.

Freddy lachte auf, allerdings klang er alles andere als fröhlich dabei. »Das glaube ich jetzt nicht!«

»Vielleicht lagen sie falsch«, sagte Ranja.

»Scheint fast so«, murmelte Tom.

Einen Augenblick standen alle weiter regungslos da.

»Wir gehen trotzdem hoch«, entschied Onea dann. »So schnell passiert hier nichts.«

Ranja nickte. Auch Tom schien einverstanden zu sein. Alle drei setzten sich wieder in Bewegung.

»Leute, ich dachte, auf einer Dino-Insel mit echten Fleischfressern zu landen, wäre schon der Supergau«, rief Freddy ihnen hinterher. »Gefahren an Land, Gefahren im Wasser, Gefahren in der Luft. Mit all dem habe ich mich irgendwie abgefunden. Aber jetzt sagt ihr mir auch noch, dass die Gefahr aus der Erde kommt? Aus dem Inneren der Insel? Gibt's hier vielleicht einen Quadratzentimeter, der gefahrlos ist?«

Tom lachte. »Ja, deine Träume!«

Freddy schüttelte ratlos den Kopf und folgte der Gruppe. »Früher habe ich von Kuchenbergen und Pfannkuchen-

Stapeln geträumt! Und von Milchshakes! Mit Sahne! Und jetzt?« Er machte eine bedeutungsvolle Pause. »Jetzt will ich einfach nur noch mit dem Leben davonkommen!«

»Wir beschützen dich!« Onea war stehen geblieben und hielt Freddy die Hand hin.

»Das will ich auch stark hoffen«, seufzte er.

»Wenn das wirklich ein Ausbruch wird, kann uns keiner beschützen«, sagte Ranja, die mit Tom Schritt hielt.

»Das sind ja schöne Aussichten!«

»Wenn das wirklich ein Ausbruch wird, wer schützt dann die Dinos?«, fragte Onea besorgt.

Darauf hatte keines der Kinder eine Antwort.

KAPITEL 3

VULKANE SIND KEINE BERGE

Auf der Aussichtsplattform angekommen, eröffnete sich den vieren eine spektakuläre Aussicht.

»Wow!«

Tom hielt seine Handfläche wie ein Segel an die Stirn. »Das ist ja irre!«

Onea staunte ebenfalls nicht schlecht. Die Insel wirkte riesig, und gleichzeitig war alles von hier oben so klein. Mit ihren so unterschiedlichen Bestandteilen wie Terra, Wald, See, Wiesen und Strand sah Sauritius aus wie ein riesiges Puzzle. Es war einfach die außergewöhnlichste Insel, die man sich vorstellen konnte. Und sie hatte sich anscheinend seit Jahrtausenden nicht verändert. Onea spürte, wie ihr Herz ganz weit wurde, weil sie sich so mit der Insel verbunden fühlte. Sie war ihre neue Heimat geworden.

Auch Tom war in diesem besonderen Moment von Stolz erfüllt, hier leben zu dürfen. In der Ferne waren einige Herden von Hadrosauriern und Ceratopsiern zu erkennen. Der Himmel färbte sich langsam rosa und tauchte die Landschaft in ein weiches, unwirkliches Licht.

»Das Beben ist weg!«, stöhnte Freddy, der als Letzter oben ankam.

»Uuuaaaah!«, machte er, als sein Blick den anderen über die Insel folgte.

»Wahnsinnig schön, nicht?«, sagte Ranja. Es klang, als würde sie die Insel besser kennen als Tom, Onea und Freddy zusammen. Dabei war sie doch ganz neu hier. Onea wunderte sich schweigend, aber Tom verdrehte die Augen.

»Machst du jetzt eine Insel-Führung mit uns?«, fragte er. Natürlich sollte das ein Scherz sein, aber Ranja hob ihre Schultern.

»Wenn ihr mögt?«

»Das war ein Witz, Ranja«, erklärte Onea.

»Ach so«, antwortete Ranja. »Wisst ihr, ich bin so aufgeregt, hier zu sein, also mit euch. Ich habe, seit ich auf der Insel bin, schon so viel von euch gehört.« Verlegen strich sie sich durch die Haare. Dann sah sie Onea an. »Am liebsten wäre ich wie du.«

Onea fühlte sich jetzt doch geschmeichelt. »Es ist besser, wenn du du bleibst«, antwortete sie lächelnd. »Mich gibt es ja schon.«

»Sind wir jetzt fertig mit der Lobhudelei?« Tom stand mit verschränkten Armen vor den beiden Mädchen. »Es wird dunkel, wir müssen runter.«

»Oh nein«, sagte Freddy, der gerade erst wieder genug Luft bekam, um durchzuatmen. »Ich habe mich noch nicht mal vom Aufstieg erholt!«

»Ich weiß, dass ich dir auf die Nerven gehe«, sagte Ranja zu Tom. »Aber ich kenne mich mit Vulkanen wirklich gut aus, ich besteige sie, seit ich laufen kann. Vielleicht kann ich euch helfen.«

»Es gibt nichts, wobei du uns helfen könntest«, widersprach Tom. So leicht wie Onea ließ er sich bestimmt nicht erweichen! Er hatte keine Lust auf ein weiteres Mitglied in ihrer eingeschworenen Truppe, und das war verflixt noch mal sein gutes Recht. Mit Onea und Freddy hatte er so viel erlebt, sie hatten sich so oft gegenseitig gerettet. Und sie konnten sich immer aufeinander verlassen. Ranja würde das alles nur durcheinanderbringen.

»Dann los«, sagte Onea.

»Ist das euer Ernst? Ihr gönnt mir auch wirklich keine Pause!«

Freddy stützte sich auf einem Felsbrocken ab, der genau die richtige Sitzhöhe für ihn hatte. »Ich würde gerne erst mal in Ruhe diese romantische Aussicht hier genießen!«

Tom grinste. »Lieber die Aussicht genießen oder gleich im Dunkeln gefressen werden?«

»Hoaaah!«, machte Freddy. »Na gut. Gewonnen. Aber einmal gucke ich mich noch um!«

Er wandte seinen Blick in Richtung Meer, das wegen der tief stehenden Sonne glitzerte wie ein Teppich aus Diamanten.

Doch plötzlich begann es erneut zu grummeln. Der Boden unter Freddys Füßen bewegte sich so stark, dass seine Schnürsenkel zitterten.

»Das ist echt gruselig!«, sagte Freddy ängstlich.

»Vulkane sind eben keine Berge«, antwortete Ranja. »Er ist erwacht.«

»Du redest von einem Vulkan wie von einem Menschen«, bemerkte Onea.

»Stimmt.« Ranja nickte. »Sie haben auch Launen und sind schwer einzuschätzen. Und manchmal verschätzt man sich bei ihnen auch total.«

»Was heißt das jetzt?«, mischte sich Freddy wieder ein.

»Dass wir schleunigst hier runtermüssen«, sagte Tom und ging mit großen Schritten vor.

»Richtig«, pflichtete ihm Ranja bei.

»Na endlich sind die beiden sich mal bei was einig«, murmelte Freddy und folgte ihnen.

Nur Onea blieb noch einen Moment stehen und blickte nachdenklich in die Ferne. Wenn wirklich ein Ausbruch bevorstand, würden sie alle von der Insel fliehen müssen. Es würde eine große Evakuierung geben. Und das Forscherteam rund um die Vulkanologin würde herausfinden, wann es so weit war.

Aus irgendeinem Grund war Onea innerlich ganz ruhig, wenn sie daran dachte. Ihnen würde nichts zustoßen, weil so viele Experten auf der Insel einen guten Job machten. Sie wusste, wie hart ihre Eltern alle arbeiteten. Darum hatten sie ja auch so wenig Zeit für ihre Kinder, und deshalb war die Dinoschule nicht nur ein Internat, sondern auch ihr Zuhause geworden. Tom und Freddy gehörten inzwischen dazu, genauso wie die Lehrer Spike und Doc Ponti – und natürlich Jack Sattle. Auf Sauritius hielten alle zusammen. Das war es, was die Insel ausmachte. Hier überlebte keiner alleine. Oneas Kopf schwirrte, während sie darüber nachdachte, was bei einem Vulkan-Ausbruch alles zu beachten wäre. Gab es überhaupt genug Boote, um alle Inselbewohner gleichzeitig wegzubringen? Doch dann schoss ihr erneut ein Gedanke durch den Kopf, der sie nicht mehr losließ: Was würde, wenn der Tidde wirklich ausbrach, mit den Dinos geschehen?

KAPITEL 4

WIE VERSETZT MAN EINEN VULKAN?

Zurück in der Schule machten Tom, Onea und Freddy noch einen Abstecher in den Steinbruch. Die Schlucht, die komplett mit Lianen und Moos bewachsen war, diente den Dinos von Sauritius als sicheres Versteck und als geschützter Aufenthaltsort – nicht nur zu den üblichen Fütterungs- und Schlafenszeiten. Auch wann immer einer der Gefährten der Kinder krank war, kam er hierher.

Der Langhals Appi, die Gefährtin von Onea, streckte schon seinen Hals nach ihr aus. Auch der schläfrige Stegosaurus Kalle öffnete zumindest ein Auge, als er Freddys Stimme hörte.

»Wo bist du, Finn?«, rief Tom in die Schlucht hinein, denn der Flugsaurier war nicht zu sehen. Plötzlich ertönte ein Kreischen über ihnen. Gefolgt von einem starken Luftzug, der Oneas Haare wehen ließ.

»Uuuuuaahhhhh!«, kreischte Finn und ließ sich in einer Art Sturzflug mit Vollbremsung in der Mitte der Schlucht nieder.

Onea seufzte, als sie sich die Haare aus dem Gesicht strich. »Man sagt nicht umsonst, dass die Gefährten einem im Charakter ähneln.«

Tom überhörte Oneas Kommentar. »Na, mein Lieber!«, begrüßte er stattdessen Finn.

Ranja sah sich traurig um. »Ich wünschte, ich hätte auch schon einen Gefährten. Aber Spike meinte, es sei noch nicht so weit.«

»Geduld ist nicht deine Stärke, was?«, neckte Tom sie.

»Deine ja auch nicht!«, erinnerte ihn Freddy. Er konnte sich noch genau daran erinnern, wie Tom direkt nach seiner Ankunft ein T-Rex-Reiter hatte werden wollen. Doch auf Sauritius wählten die Dinos ihre Reiter aus, nicht umgekehrt, und das hieß, dass sie das Tempo vorgaben.

»Jaja«, winkte Tom ab.

»Welcher Dino interessiert dich denn?«, fragte Onea Ranja

neugierig, während sie Appi mit ein paar Gemüseresten aus der Schulcafete fütterte.

»Ach«, antwortete Ranja aufgeregt. »Es gibt so viele spannende Arten! Einen Langhals zu reiten, muss irre toll sein. Immerhin ist es das größte Tier überhaupt! Aber auf einem Finn zu fliegen, klingt auch verlockend!«

Freddy sah zu ihnen herüber. »Und vergiss den mächtigen und Furcht einflößenden Stegosaurus nicht! Sein Schlagschwanz ist nicht zu unterschätzen!«

Kalle, der beim Kauen eingedöst war, stieß einen lauten Schnarcher aus.

»Chhhrrrrrrr ...«

Tom, Ranja und Onea lachten.

»Ihr werdet schon sehen!« Freddy grinste. »Ohne Kalles Kraft läuft hier gar nichts!«

Ranja nickte. »Also einen Stegosaurus als Gefährten zu haben, stelle ich mir auch toll vor!«

»Kinder, es ist genug für heute!«

Spikes Stimme drang durch die geöffnete Holztür, die die Schule und die Schlucht miteinander verband. Der Gefährtenlehrer, der einer der beliebtesten Lehrer an der Schule war, winkte ihnen zu.

»Oh, hallo!«, rief Ranja. »Wir haben gerade überlegt, welcher Dino zu mir passen könnte, und da ...«

»Es ist noch zu früh«, winkte Spike ab.

Ranja senkte den Kopf. »Schade.«

»Sie erinnert mich wirklich an dich«, sagte Onea und zwinkerte Tom zu. Der machte nur »Pffft!« und drehte sich wieder zu Finn um.

»Habt ihr das Erdbeben hier unten auch gespürt?«, fragte Onea Spike auf dem Weg durch die unterirdischen Felsgänge der Schule. Ranja, Freddy und Tom folgten ihnen. An den Felswänden brannten wie immer Fackeln, denn hier gab es kein elektrisches Licht. Ranja hatte sich noch nicht daran gewöhnt und fühlte sich einmal mehr wie in einem Abenteuer aus einer anderen Zeit.

»Welches Erdbeben?«, fragte Spike.

»Na, der ganze Boden hat gebebt!«, sagte Onea. »Das hättet ihr doch merken müssen!«

Spike schüttelte seinen Lockenkopf. »Nee, da war nichts!«

»Ich sag doch, es war kein Erdbeben!«, mischte sich Ranja ein.

»Der Tidde soll ausgebrochen sein, ausgerechnet als wir draufstanden«, frotzelte Tom. »Ja klar!«

»Wie bitte?«, hakte Ranja ungläubig nach. »Vorhin, als wir oben waren, hattest du doch auch Angst!«

»Respekt vor der Natur solltet ihr alle haben«, entschärfte Spike die Diskussion. »Aber vom Tidde habe ich seit Ewigkeiten nichts gehört. Der soll wieder aktiv sein?«

Ranja nickte. »Das Forscherteam rund um die Geschwister Procter weiß sicher mehr!«

Spike schüttelte den Kopf. »Die Procters sind bekannt dafür, dass sie echte Geheimniskrämer sind. Aus denen bekommen wir nichts raus, bevor es nicht offiziell ist!«

»Ab wann ist denn ein Vulkanausbruch offiziell?«, fragte Freddy. »Wenn es so weit ist, ist es sowieso für alles zu spät!« Dann verzog er das Gesicht. »Oje, wir werden alle sterben!«

»Das ist nicht witzig«, ermahnte Onea ihn. Dann wandte sie sich zu Spike. »Was wäre, wenn das wirklich passieren würde?«

Spike hob die Schultern. »Keine Ahnung. Niemand hier rechnet damit. Aber falls die Procters etwas ahnen und mehr wissen als wir, werden sie bestimmt einen Plan haben.«

»Aber dafür bleibt keine Zeit mehr, wenn der Ausbruch bald bevorsteht«, sagte Ranja besorgt. »Es ist unmöglich, so schnell die ganze Insel zu evakuieren.«

»Die Dinos können nicht weg von hier«, stimmte Spike ihr zu. »Wo sollten sie auch hin?«

Tom war klar, dass Spike das Problem zwar ernst nahm, es aber auch wegschob, weil er es nicht lösen konnte.

»Der Vulkan liegt ungefähr in der Mitte der Insel«, sagte Ranja. »Das würde bedeuten, dass fast alles um ihn herum betroffen wäre.«

Onea überlegte. »Spike, gibt es eine Karte von der Insel, die wir haben können?«

Spike nickte. »Na klar. Kommt mit in mein Büro.«

Spikes Büro sah anders aus als das der meisten anderen Lehrer der Reptilia-Schule. Überall an den Wänden hingen Bilder von ihm, wie er auf den verschiedensten Dinos ritt. Ein Foto fiel Tom sofort auf.

»Das ist doch Tyron«, sagte er. Der gefährliche T-Rex der Insel hatte sich bis jetzt nur von dem berühmten Insel-Helden Jack Sattle reiten lassen – und von Tom. Doch Spike hatte einfach sein Gesicht auf ein Foto von Jack auf dem T-Rex geklebt. Erst bei genauerem Betrachten fiel das auf.

»Spike! Das ist Jacks Körper!« Tom lachte. Spike war zwar auch muskulös, aber im Gegensatz zu dem groß gewachsenen Jack gedrungen und klein.

»Na ja, man darf ja wohl noch ein bisschen träumen, oder?« Spike grinste.

Tom dachte an seine Ankunft. Daran, wie ehrfürchtig sie alle Spikes Anweisungen am ersten Tag in der Reptilia-Schule gelauscht hatten. Und heute hatte er seinem Lehrer etwas voraus, wovon der nur träumen konnte. Und das zeigte einmal mehr, dass aus Schülern irgendwann selbst Lehrer wurden. Und manchmal gab es wohl auch keinen Unterschied zwischen beiden.

»Hier«, sagte Spike und breitete eine vergilbte Karte auf seinem vollgestellten Schreibtisch aus. Das war so gut wie unmöglich, ohne etwas von dem Kram, der aus leeren Limodosen, Snacks, Comics und Spielzeugdinos bestand, umzuwerfen.

»Interessantes Lehrerzimmer«, bemerkte Onea und zwinkerte Ranja zu.

»Wartet, ich räume mal kurz auf«, sagte Spike. Er schnappte sich einen Mülleimer, der unter dem Schreibtisch stand. Dann wischte er mit seinem Unterarm einmal quer über den Tisch. So ziemlich alles, was auf dem Tisch war, landete in dem Eimer. »Ich wollte sowieso längst ausmisten.« Freddy zeigte auf eine leere Verpackung. »War das dieser eine Wunder-Schokoriegel? Seit wann gibt es die hier in der Cafete?«

Spike grinste. »Lehrer-Bedarf!«

»Ach Menno«, stöhnte Freddy enttäuscht. Dann erhellte sich sein Gesicht plötzlich. »Auf jeden Fall ein Grund, hier mal Lehrer zu werden!«

»Haha, klar«, lachte Tom. »Was willst du denn unterrichten? Schokokekswissenschaften?«

»Äh, Ernährungswissenschaften ist ein wichtiges Fach, oder?«, fragte Freddy Spike.

»Auf jeden Fall«, nickte der. »Und eins, das hier im Lehrplan noch fehlt.«

»Na siehste!«, ärgerte Freddy Tom zurück.

»Na siehste selber.« Grinsend legte Tom Freddy einen Arm um die Schulter.

Dann beugten sich alle über die Karte. Erst jetzt sahen die Kinder, dass die Insel von oben die Form eines T-Rex-Kopfes hatte.

»Irre!«, staunte Tom.

»Mega!«, murmelte Freddy.

Auch Onea war beeindruckt. »Wow!«

Nur Ranja sagte nichts.

»Was ist denn?«, hakte Onea nach.

»Meine schlimmste Befürchtung ist wahr geworden«, sagte Ranja. Alle sahen von der Karte zu ihr auf. Sie klopfte mit ihrem Zeigefinger auf die Mitte der Karte.

»Der Tidde ist exakt in der Mitte der Insel. Damit ist die ganze Insel betroffen, wenn der Vulkan wirklich ausbricht. Es gibt keine Ausweichmöglichkeiten.«

»Keine?«, hakte Freddy ängstlich nach.

Ranja schüttelte den Kopf.

»Keine. Oder hast du eine Idee, wie man einen Vulkan versetzt?«

KAPITEL 5

NACHTAKTIVE DINOS

»Wir müssen ins Forschercamp!«

Tom verschränkte die Arme vor seiner Brust. »Wir müssen mit den Forschern reden und ihnen erklären, was los ist.«

Ranja sah ihn verwundert an. »Bis gerade eben hast du noch behauptet, dass es kein Vulkanausbruch ist.«

»Ist es auch nicht. Also noch nicht«, mischte sich Onea ein. »Aber es kann einer werden.«

»Eben«, nickte Tom. »Ich kann ja vorausschauend denken.«

»Na, da bin ich aber froh«, grinste Ranja. Tom war auf jeden Fall derjenige in der Gruppe, der die größte Herausforderung für sie war. Aber auch damit würde sie fertigwerden. Denn Teil dieser Gruppe zu sein, war nun mal ihr größter Traum, seit sie auf der Insel angekommen war. Und dieser Traum sollte nicht wie der von Spike mit einem überklebten Foto enden.

»Es ist spät«, sagte der Gefährtenlehrer und deutete auf eine Uhr an der Wand. »Genau genommen fast schon Schlafenszeit. Heute geht ihr nirgendwo mehr hin.«

Tom sah seine Freunde verschwörerisch an. Onea verstand sofort, was das bedeuten sollte.

»Ja, klar, wir gehen schlafen.« Sie nickte.

»Jap, das machen wir«, stimmte Tom zu.

Ranja nickte ebenfalls. »Hm, ja.«

Spike sah skeptisch in die Runde. Sein Blick blieb an Freddy hängen.

»Also, Leute ... Wenn ich euch nicht besser kennen würde, würde ich glatt sagen, dass ihr nur zustimmt, weil wir uns nachher sowieso rausschleichen!«

»Freddiiiiiiiiiiiiiiiieeee!«, riefen die anderen gleichzeitig, und alle brachen in Gelächter aus.

Spike hatte nicht weiter nachgehakt, welche Pläne die Kinder noch hatten. Wahrscheinlich wusste er selbst genau, dass sie nichts anstellen würden, was nicht zum Wohle der Insel war. Zudem hatten Tom, Onea und Freddy die Insel schon mehr als einmal im Alleingang gerettet. Sie konnten sich darauf verlassen, dass er sie nicht verraten würde. Schließlich war er, ähnlich wie Jack Sattle, einer ihrer engsten Vertrauten und Unterstützer.

Auf dem Weg zu ihren Zimmern versuchte Ranja, mit Tom und Onea Schritt zu halten. Dass Freddy etwas zurückblieb, weil er gern schlenderte, ignorierte sie. »Leute, was machen wir denn gleich noch?«

»Wir?«, fragte Tom. Dann deutete er auf Onea und sich. »Wir suchen eine Lösung für dein Problem.«

»Meins?«, sagte Ranja. »Es ist unser aller Problem!«

»Wie auch immer, wir müssen mit den Procters sprechen.«

Ranja blieb stehen und verschränkte die Arme. »Ins Forschercamp kommt ihr nur mit einem Code.«

»Weiß ich«, stöhnte Tom. Nicht einmal seine Eltern würden ihn da jetzt reinlassen. Eine der wichtigsten Regeln von Sauritius war nun einmal, dass die Schülerinnen und Schüler der Reptilia-Schule das Forschercamp nicht betreten durften.

»Meine Eltern würden mich im hohen Bogen rauswerfen, wenn wir da jetzt aufkreuzen. Die finden, dass wir da nichts zu suchen haben«, sagte auch Onea seufzend. Und mit einem Blick auf Freddy schob sie hinterher: »Und sein Vater arbeitet da gar nicht.«

»Meine Mutter hat mir den Code gegeben«, sagte Ranja stolz. »Für Notfälle.«

»Was?«, staunte Tom. »Du hast den Code fürs Forschercamp?«

»Klaro«, nickte Ranja. »Und ich werde ihn benutzen.«

Tom störte es ein bisschen, dass ausgerechnet Ranja ihnen helfen konnte. Aber wenn der Tidde wirklich kurz vor dem Ausbruch war, dann mussten sie ab jetzt jede Sekunde nutzen.

Den Weg zum Forschercamp im Dunkeln zu gehen, trauten sich die Kinder allerdings nicht zu. Auf der Insel lauerten so viele Gefahren, die man tagsüber schon nicht auf den ersten Blick erahnen konnte. Da war man so gut wie lebensmüde, wenn man nachts zu Fuß über die halbe Insel lief. Bei Doc Ponti hatten sie gelernt, dass Saurier nachts umso besser sehen konnten, je größer ihre Pupille war. Und die Augen des T-Rex waren so ziemlich die größten auf der Insel.

Aber auch Appi konnte nachts hervorragend sehen, das wusste Onea. Zu viert würden sie gut auf den langen Rücken ihrer Gefährtin passen. Ausgestattet mit Kopf- und Taschen-

lampen machten sich Onea, Ranja, Tom und Freddy also auf den Weg, nachdem überall in der Schule die Lichter ausgegangen waren.

Der Langhals schien sich zu wundern, die Kinder zu so später Stunde noch zu sehen.

»Ruuuuuuhhhhh«, gurrte Appi ähnlich wie ein lauter und sehr, sehr großer Schmusetiger. Dabei war sie alles andere als das. Aber sie schien etwas schläfrig zu sein und hatte es sich nah an einer Felswand auf allen vieren sitzend gemütlich gemacht.

»Wir müssen noch mal zu einem kleinen Ausflug über die Insel raus«, flüsterte Onea ihr zu und strich Appi sanft über die Nüstern. Der Langhals blies zur Antwort warme Luft hindurch, die die Kinder einhüllte.

»Sie ist einverstanden«, nickte Onea.

Ranja war beeindruckt, wie stark das Band zwischen Onea und Appi war. Sie schienen sich wortlos zu verstehen. Es war, als könne Appi Oneas Gedanken lesen, als sie sich nun erhob, als alle vier Kinder auf ihr saßen. Ranja beneidete Onea um diese Verbindung und wünschte sich auch so etwas: eine Dinogefährtin, die ihr vertraute und mit der sie alles teilen konnte, was sie erlebte. Aber sie hatte verstanden, dass es nicht an ihr war, einen Dino auszuwählen. Und erst recht konnte sie den Zeitpunkt dafür nicht bestimmen. Bis es so weit war, würde sie Onea, Tom und Freddy weiter beneiden, das stand fest.

Gemütlich trottete Appi voran. Jeder Schritt schien im Dunkeln ein Knacken auf dem Inselboden zu verursachen, das die Kinder aufschrecken ließ.

»Sauritius im Dunkeln ist nichts für meine Nerven«, murmelte Freddy.

»Im Hellen auch nicht«, lachte Tom.

»Stimmt«, gab Freddy zu.

»Wir sind gleich da«, sagte Onea. »Da vorne ist es, gleich dahinter.«

Sie deutete auf einen Felsen, der den Weg zum Eingangstor des Forschercamps verdeckte.

»Bei den zwei kleinen Straßenlaternen?«, fragte Ranja. Links neben dem Felsen waren in einiger Entfernung zwei helle Lichtpunkte zu sehen, die vorher noch nicht da gewesen waren.

Doch Tom, Onea und Freddy wussten, dass es so etwas auf Sauritius nicht gab.

»Das sind keine Straßenlaternen«, flüsterte Onea ihr zu.

Ranja stockte. »Ach nein? Was denn?«

Tom hielt kurz die Luft an. Dann sagte er: »Augen.«

Dem T-Rex Tyron ausgerechnet mitten in der Nacht zu begegnen, war sicher nicht der beste Plan, den Tom, Onea und Freddy je gehabt hatten. Auch Appi schien sehr beunruhigt zu sein, denn sie rührte sich nicht vom Fleck.

»Was nun?«, fragte Ranja.

Tom rief Onea zu. »Treib Appi an!«

»Das bringt nichts!«, antwortete sie. »Dann läuft sie doch Tyron direkt in die Arme!«

»Außerdem ist doch das Tor geschlossen!«, flüsterte

Freddy, der mit der Taschenlampe in der zitternden Hand auf den Felsen vor dem Camp leuchtete. »Das wäre wie eine Falle für sie und für den da«, er deutete auf Tyron, »ein gefundenes Fressen!«

»Verflucht noch mal, warum begeben wir uns immer wieder in Lebensgefahr?« Onea machte sich am meisten Sorgen um Appi. Ihre Gefährtin bewegte sich jetzt auf der Stelle, sie schwankte hin und her. Appi schien genau wie Onea einfach nicht weiterzuwissen.

»Roooooooooaaaaaaaarrr!«

»Wir sind sein Mitter... Mitter...nachtssnack!«, stammelte Freddy.

»Was sollen wir machen?«, dachte Onea laut.

»Wie schnell kann Appi laufen?«, rief Ranja von hinten.

»In die Arme von Tyron?«, fragte Onea.

»An ihm vorbei!«

»Dafür muss das Tor offen sein!«, schrie Onea verzweifelt.

»Das stimmt«, sagte Ranja. Sie ließ sich an Appis Flanke herunterrutschen und rannte los, geradewegs auf Tyron zu.

»Raaaaaanjaaaaaa!«, brüllte Onea ihr hinterher. Aber Ranja war nicht aufzuhalten. Sie spurtete direkt auf den großen Felsen und damit das Tor zum Forschercamp zu.

»Ich gebe den Code ein, und dann treibst du Appi an«, brüllte sie Onea zu. »Ihr reitet ins Camp, und ich lenke Tyron ab!«

»Kommt gar nicht infrage!«, rief Tom und ließ sich jetzt ebenfalls an Appi herunter. Er hatte schon auf Tyron gesessen und wusste, dass der kurzen Prozess mit Ranja machen würde, wenn er sie sich schnappte. Aber eine Verwirrungstechnik würde ihn möglicherweise lange genug ablenken.

Der T-Rex lief wie erwartet schon mit bebenden Schritten auf Ranja zu. Doch als Tom »Hier! Hiiiiiiiii-aaaaaaaaaaa!« schrie und winkte, schien er kurz perplex zu sein. Dann drehte er ab und setzte Tom nach, sodass die Erde leicht bebte.

Ranja rannte wie noch nie in ihrem Leben. Am Tor angekommen, suchte sie nach dem kleinen Computer-Bildschirm, um den Code einzugeben. War der rechts vom Tor? Links? In der Mitte? Da! Ein weißer Fleck! Ranja leuchtete mit ihrer Kopflampe darauf.

»1-8-1-2«, tippte sie laut vor sich hin sprechend ein. Auf der Überfahrt zur Insel hatte ihre Mutter ihr stolz von den ersten Aufzeichnungen zu Dinos auf Sauritius erzählt.

»Seit 1812 gibt es Aufzeichnungen darüber, dass auf der Insel Mensch und Tier zusammenleben«, hatte sie Ranja erklärt.

Ranjas Mutter war zwar eine außerordentlich gute Vulkanologin, hatte aber kein gutes Gedächtnis für Zahlen.

»Gut, dass ich mir mit dieser Eselsbrücke den

Code zum Camp außerordentlich gut merken kann«, hatte sie beiläufig festgestellt, während sie eine Karte des Camps studierte. Ranja hatte die Nummernfolge nicht vergessen.

Das Tor öffnete sich wie von Zauberhand.

»Rein da!«, brüllte Ranja.

Appi schoss auf Oneas Anweisung los, nur Tom war nicht zu sehen.

»Tom!«, rief Ranja vom Tor aus.

Da tauchte Tom auf dem Felsen vor ihnen auf. Stück für Stück und in Windeseile zog er sich nach oben, während Tyron unter ihm nach seinen Füßen schnappte. Für einen Moment zog die trabende Appi die Aufmerksamkeit des T-Rex auf sich. Interessiert wandte Tyron den Kopf in ihre Richtung, dann jedoch drehte er sich zurück zu Tom und starrte aus zornigen Augen zu ihm hinauf.

»Du musst da runter!«, rief Ranja Tom zu.

Tom keuchte. Er war vom Klettern und Rennen schon ganz schön außer Atem.

»Komm hinterher!«, rief Onea Tom ebenfalls zu, die Appi gerade anleitete, einen Bogen um Tyron zu laufen und von der Seite aus das Tor anzusteuern.

»Oh nein, er wird gefressen! Wir werden gefressen! Alle im Camp werden gefressen!«, stammelte Freddy.

»Looooooos!«, rief Onea, als Appi das Tor passiert hatte. Ranja tippte erneut mit zitternden Händen die Zahlen ein, und das Tor schloss sich.

»Toooooom!«, brüllte Onea. »Looos jetzt!«

Tom fixierte den schmalen Spalt, den das Tor noch offen stand. Dann rannte er los. Den Felsen hinab und genau zwischen die Beine des T-Rex.

»Roooooaar!«, machte Tyron und schlug mit seiner riesigen Pranke nach Tom. Doch der verschwand unter dem Saurier, und bei dem Versuch, sich vornüberzubeugen, schien der Kopf des T-Rex zu schwer zu sein. Er wankte kurz – dann kippte er nach vorn und kam mit lautem Getöse zu Fall. Im allerletzten Moment schob Tom sich durch die fast geschlossene Toröffnung.

Als sich das Tor hinter ihnen geschlossen hatte, atmeten alle tief auf.

»Knappe Kiste, Tom«, keuchte Ranja.

»Du bist mutig«, sagte Tom, der ebenfalls nach Luft rang.

»Dann passt sie ja zu uns«, sagte Freddy.

Man konnte die Erleichterung in seiner Stimme deutlich hören.

KAPITEL 6

FORSCHER FORSCHEN

Das Camp war wie der Rest von Sauritius nur spärlich beleuchtet. Überall auf dem Gelände standen kleine Holzhäuser, am Eingang waren ein paar Schilder aufgestellt. Die Kinder brauchten nicht lange, bis sie das Schild mit der Aufschrift »Vukanologiezentrum« entdeckten.

Wo die Procters untergebracht waren, stand nirgendwo.

»Hier lang!«, sagte Ranja und ging vor.

»Woher weißt du …?«, begann Tom, doch dann bremste er sich selbst. Er hatte gesehen, dass er Ranja vertrauen konnte. Sie alle hatten es. Sie war gerade eben, gewollt oder ungewollt, ein Teil ihrer Vulkan-Mission geworden.

»Die Procters arbeiten im Mittelhaus, im Zentrum des Camps. Nennt sich ›Control-Center‹!« Ranja zeigte auf ein kleines Schild unterhalb des »Vulkanologiezentrums«, und die kleine Gruppe setzte sich in Bewegung.

»Da vorne!«

Es war gut, dass sie mit Lampen ausgestattet waren, denn der Boden hier im Camp war genauso uneben wie der Untergrund auf der restlichen Insel. Man hatte auch hier alles möglichst naturbelassen. Würde sich der Mensch irgendwann wieder von

Sauritius entfernen, ließen sich alle seine Spuren mühelos verwischen – als wäre niemals auch nur ein Homo sapiens hier gewesen. Alle Bauten auf der Insel bestanden aus Holz oder waren in den Fels geschlagen wie Höhlen. Nichts war für die Ewigkeit ausgelegt. Als wüsste man, dass es eines Tages hier ohne den Menschen weitergehen sollte. Onea fand den Gedanken daran einerseits gut – Dinos hatten Millionen Jahre ohne Menschen

gelebt. Aber andererseits machte sie sich Sorgen, wenn sie daran dachte, die Dinos irgendwann ihrem Schicksal zu überlassen ... wie zum Beispiel bei einem drohenden Vulkanausbruch.

Ein etwas größeres Holzhaus tauchte vor ihnen auf.

»Da!« Ranja klopfte an die dünne Holztür.

»Ja?«, fragte jemand von drinnen.

Ranja verstellte ihre Stimme, sodass sie erwachsener klang: »Chillingworth hier. Ich muss Sie dringend sprechen.« Sie zwinkerte der verblüfften Runde hinter sich zu. »Sie denken, ich bin meine Mutter.«

»Megaschlau!«, sagte Freddy anerkennend. »Hätte glatt meine Idee sein können!«

»Herein!«

Ranja öffnete die Tür. Die Mitte des Raumes nahm ein langer, schmaler Besprechungstisch ein. An allen vier Wänden standen deckenhohe Regale mit Büchern, Heften und Ordnern. Links vom Eingang war eine kleine Küchenzeile aufgebaut, an der sich gerade ein bärtiger Mann mit Brille einen Kaffee eingoss. Eine Frau, ungefähr in seinem Alter, aber viel kleiner, der die glatten grauen Haare bis zum Kinn reichten, stand daneben.

»Da hatte ich aber jemand anderen erwartet«, sagte sie gelassen.

»Ranja!«

Erst jetzt bemerkten die Kinder weitere Personen rechts hinter ihnen im Raum. Eine von ihnen, eine Frau, sah aus wie Ranja, nur viel älter.

»Mama!«, sagte Ranja und lief ihrer Mutter in die Arme. Erst jetzt löste sich die Anspannung von der T-Rex-Begegnung bei ihr. Sie schlang die Arme um ihre Mutter und drückte sie fest an sie.

»Ich würde ja auch gerne ...«, murmelte Freddy, aber Tom stupste ihn an. »Pst!«

»Ist ja gut.«

Tom wusste, dass Ranja diesen Moment brauchte.

Nach einem kurzen Moment löste sich Ranja von ihrer Mutter, und jetzt nahmen alle an dem großen Tisch Platz. Ranja, Onea, Tom und Freddy überschlugen sich fast, so schnell sprudelten die

Neuigkeiten aus ihnen heraus. Es war schwer, dem Gespräch zu folgen, weil alle durcheinanderredeten.

»Neuigkeiten!«

»Grummeln!«

»Vulkan!«

»Der Tidde ist ja kein Berg.«

»Ausbruch!«

»Evakuierung!«

»Wohin sollen wir?«

»... Lava stoppen, wenn er ausbricht?!«

»Untergang!«

»Alle sterben!«

»... gerade noch Tyron vor der Tür!«

»Lava überall!«

»Was ist mit den Dinos?«

»Stopp!«, rief der bärtige Mann mit der Brille, der Professor Procter sein musste, nun und hielt seine Hände flach über den Tisch, um die Kinder zu beruhigen. Dann zwirbelte er seinen Bart. »Jetzt mal langsam. Ihr wart auf dem Tidde?«

»Ja, das sagen wir doch die ganze Zeit!«

Doktor Procter, die Frau mit den grauen Haaren, sah in die Runde. »Wie kann das sein? Wir erheben die ganze Zeit

Messungen, aber die Kern-Temperatur ist noch nicht signifikant gestiegen. Zumindest nicht seit gestern.«

»Signi-was?«, wiederholte Freddy.

»Nicht stark angestiegen«, erklärte Onea.

»Aha.«

»Da war aber ein Grummeln«, sagte Ranja und sah ihrer Mutter in die Augen. »Wir haben es ganz deutlich gespürt.«

Professor Procter schob einige Aufzeichnungen über den Tisch. Auf einem Blatt war eine feine Linie eingezeichnet. »Hier sieht man zwar Bewegungen. Deswegen ist Mel«, er blickte zu Ranjas Mutter, »auch so schnell bereit gewesen, zu kommen.«

»Aber die Frequenz ist noch nicht besorgniserregend hoch«, ergänzte Mel.

»Ja, genau«, sagte Onea. »Deswegen müssen wir ja etwas tun, bevor sie es wird.«

»So arbeiten wir aber nicht«, wandte Doktor Procter ein. »Wir brauchen mehr Belege für eine Aktivität des Vulkans.«

»Okay, das heißt also im Klartext: Hier tut keiner was, bevor es zu spät ist?« Toms Stimme klang verärgert.

»So soll das nicht wirken«, wiegelte Mel ab.

»So wirkt es aber«, kritisierte Ranja ihre Mutter. »Denkt doch mal weiter: Was passiert mit den Dinos, wenn der Vulkan wirklich ausbricht?«

»Es ist sehr unwahrscheinlich, dass das in nächster Zeit passieren wird«, antwortete Mel. Doch Ranja hielt dem Blick ihrer Mutter stand, ohne ein Wort zu sagen.

»Na ja, wenn es so wäre ... Wir haben dafür tatsächlich noch keine gute Lösung gefunden. Es gibt keine Schiffe für alle Dinos ... und selbst wenn, wo sollten sie hin?«

»Das heißt, ihr würdet Sauritius sang- und klanglos untergehen lassen?«

Tom war richtig sauer, das merkten alle.

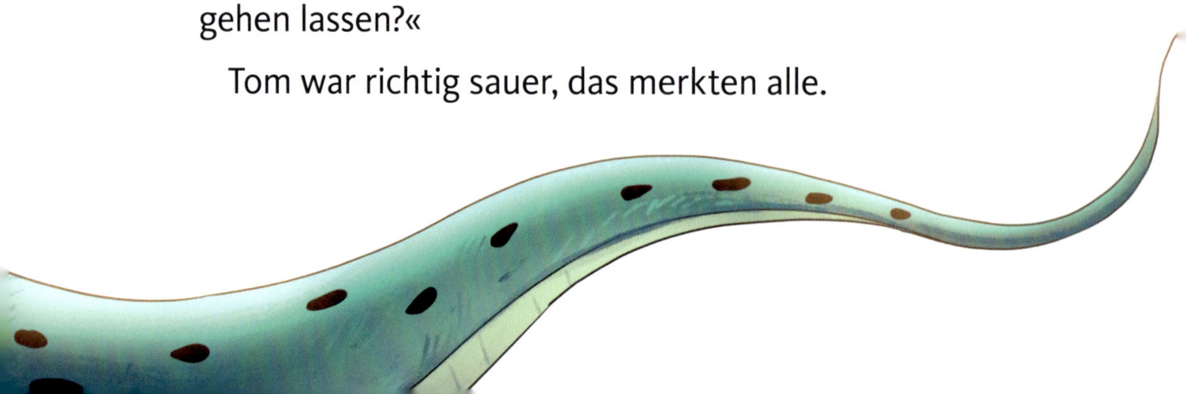

»Die Natur ist nun einmal die Natur.« Professor Procter hob die Schultern.

»Und Forscher forschen«, seufzte Ranja enttäuscht. »Ich hätte es wissen müssen.«

»Das kann doch nicht Ihr Ernst sein?«, mischte sich jetzt Onea ein.

»Wir werden alle sterben«, murmelte Freddy vor sich hin.

»Natürlich nicht«, sagte Doktor Procter. »Wir evakuieren die Insel selbstverständlich, wenn sich etwas regt.«

»Und lassen die Dinos im Stich!«

Freddy stand auf. »Das lasse ich nicht zu. Immerhin sind es mehr als nur wilde Tiere. Sie sind unsere Gefährten.«

»Das verstehen wir.«

Doktor Procter nickte entschieden. »Aber im Moment gibt es keinen Anlass zur Sorge. Was mir eher Sorgen macht, ist, dass ihr hier mitten in der Nacht im Dunkeln unterwegs seid. Das ist viel gefährlicher als jeder Vulkan.«

»Das gibt's doch nicht!«

Tom schnaufte, als sie das Control-Center verließen, durch die Nase wie ein wütender Dino. Die Erwachsenen hatten nachgesehen, ob die Luft T-Rex-rein war, und sich von den Kindern verabschiedet. Spike war auf dem Weg zu ihnen, um ihnen entgegenzukommen.

»Ich kann es auch nicht glauben«, stimmte Onea zu.

»Sie haben uns total abserviert«, stellte Freddy fest.

»Es tut mir leid«, sagte Onea, die als Erste auf Appi stieg. Der Dino hatte grasend im Inneren des Camps gewartet. »Hallo, Appi.«

Freddy kletterte als Nächster auf. »Es ist wie immer: Auf Erwachsene ist einfach kein Verlass!«

Ranja folgte.

Nur Tom blieb stehen. »Das können wir nicht einfach so einstecken. Nein!«

Die anderen sahen ihn ratlos an.

»Forscher forschen«, äffte er das Gespräch nach. »Super! Und Vulkane brechen aus. So ist das nämlich.«

Ranja grinste. Dafür, dass Tom einen Vulkanausbruch bis vor Kurzem noch geleugnet hatte, war er nun derjenige, der die meiste Entschlusskraft aufwies, etwas zu unternehmen.

Onea sah in die Runde. »Es ist wie immer. Egal, was passiert: Auf die Helden und Heldinnen von Sauritius ist Verlass!«

»Das heißt?«, fragte Freddy.

»Das heißt, dass wir selbst etwas unternehmen werden«, sagte Tom.

»Mission Vulkanausbruch!«, stimmte Onea zu.

Ranja schwieg.

»Und eine Expertin haben wir auch mit an Bord! Äh, ich meine, am Dino!«, sagte Freddy. »Einfach dinostark!«

KAPITEL 7

DINOS MÖGEN KEINE ARBEIT

Der nächste Morgen stand ganz im Zeichen ihrer Mission.

Es war leichter als gedacht, Doc Ponti davon zu überzeugen, dass die Kinder, statt in der Schule zu sein, dringend zu ihren Gefährten mussten, um eine ganz plötzlich aufgetretene Dinoseuche zu verhindern.

»Die kranken Dinos müssen unbedingt von den anderen getrennt werden!«

»Spike schafft das alleine nicht!«

»Unsere Gefährten hören nur auf uns!«

»Aber den Wasserpflanzen-Unterricht holt ihr nach!«, rief Doc Ponti ihnen schließlich noch hinterher.

»Kliro-klaro!«, bestätigte Freddy winkend.

Sobald sie um die Ecke waren, sahen Tom, Onea, Freddy und Ranja sich an. Sie wussten, wo sie hinwollten.

Diesmal ritten sie mit den Dinos zum Tidde. Ranja saß zusammen mit Onea auf Appi, Tom war mit Finn schon vorausgeflogen, und Kalle blieb mit Freddy wie immer einige Dinoschwanzlängen zurück.

»Da kommt keiner von uns mit den Dinos hoch«, rief Freddy von hinten, den Vulkan vor ihnen fest im Blick.

»Doch, ich!«, rief Tom von oben. Er hatte mit Finn einen Looping gedreht und flog nun wieder dicht über ihnen.

»Ich wünschte, ich könnte das auch«, seufzte Ranja.

»Bald«, sagte Onea lächelnd. »Ganz sicher!«

»Ich fliege hoch und gucke nach, ob sich was tut!«, rief Tom. »Bis später!«

»Bis gleich!«, rief Freddy von hinten zurück. »Falls du von oben rotes, flüssiges Zeug siehst, das ungefähr tausend Grad heiß ist, sag unbedingt Bescheid!«

»Haha«, lachte Tom.

Doch alle wussten, dass Freddys Bemerkung eigentlich alles andere als lustig war.

Onea wartete mit Appi und Ranja am Fuße des Vulkans, denn Appi war natürlich nicht wendig genug für den Aufstieg. Freddy schaffte es mit Kalle immerhin bis zur ersten steileren Erhöhung.

»Alles ruhig hier«, rief Freddy den Mädchen zu.

»Okay!«, antwortete Onea und hielt den Daumen hoch.

»Oh, warte mal«, verbesserte sich Freddy. »Hier wackelt was ...«

Onea und Ranja schreckten auf.

Doch Freddy winkte ab. »War nur ein Oculudentavis im Gebüsch!«

»Puh«, machte Ranja.

Auch Onea atmete tief aus. Sie liebte

die kleinen bunten Augenzahnvögel, die nicht größer als ein Kolibri waren – und somit die kleinste Dinosaurierart auf der Insel.

»Da!« Ranja zeigte auf einige vorbeiziehende Velociraptoren. Im Gegensatz zu Appi wirkten die fünfzig Zentimeter großen Tiere, die genug Sicherheitsabstand zu dem Langhals hielten, wie Spielzeugdinos.

»Es ist so wunderschön hier«, seufzte Ranja. »Ich kann gar nicht genug von dem Leben auf der Insel bekommen. Wer einmal auf Sauritius war, will nie mehr weg!«

»Stimmt«, sagte Onea. »Deswegen tun wir ja, was wir tun.«

»Leute!!!«

Toms Stimme war laut, aber in ihr lag auch eine besondere Dringlichkeit. Onea sah hoch.

Freddy, der gerade gemütlich auf Kalle sein Pausenbrot verspeiste, hörte auf zu kauen.

»Bescheid!!!«

Onea und Freddy wussten sofort, was das hieß. Nur Ranja sah die anderen ratlos an. »Was ist los?«

»Tom sollte Bescheid geben, falls er von oben rotes, flüssiges Zeug sieht!«

»Das hat er soeben getan«, schlussfolgerte Ranja. »Oh nein! Magma!«

»Oh doch!«, rief Tom von oben. »Es ist in der Mitte des Vulkans gut zu erkennen. Es ist noch nicht ausgetreten, aber das ist sicher nur eine Frage der Zeit!«

»Was für ein Glück, dass wir einen Flugdino haben!«, rief Freddy. »Na ja … Glück im Unglück wohl eher!«

»Wir haben höchstens ein paar Tage, bis aus dem Magma die Lava wird und diese herausfließt!«, sagte Ranja aufgeregt.

»Tage?!« Freddys Gesicht wurde augenblicklich kalkweiß. »Wie viele Tage?!«

Ranja presste die Lippen aufeinander, während Tom mit Finn enge Kreise über ihren Köpfen flog.

»Drei, vier ... Es können auch nur zwei sein. Aber mehr als achtundvierzig Stunden würde ich schon schätzen!«

Ranja sah erst zu Onea, dann nach hinten zu Freddy und dann nach oben zu Tom.

»Und nun?«

Wieder ins Forschercamp zu gehen, schlossen alle sofort aus. Da würde viel zu lange beratschlagt werden, und die Zeit würde ihnen davonrennen. Außerdem gab es ja gar keinen Plan, die Dinos zu retten.

»Wir brauchen einen Plan D«, sagte Onea.

»Plan D?«, fragte Freddy.

Onea nickte. »Einen Dino-Plan, um sie zu retten!«

»Es gibt nur einen, der uns jetzt helfen kann!« Tom, Onea und auch Freddy wussten, wen sie um Hilfe bitten würden. Jemanden, der sie immer ernst nahm.

»Ihr?«, wunderte sich Jack Sattle, als er seine Haustür öffnete. »Was macht ihr denn hier? Solltet ihr nicht gerade im Unterricht sitzen?«

Freddy sah ihn mit einem unterdrückten Grinsen an.

»Okaaaaaay ... Das heißt, ihr schwänzt?«

»Nicht wirklich«, erklärte Onea. »Wir holen das nach. Wasserpflanzen sind ja enorm ... wichtig!«

»Hm-hm«, machte Jack, der aussah, als wäre er gerade erst aufgestanden. Seine blonde Mähne war verwuschelt und sein T-Shirt verknittert, die Bermudas hingen irgendwo über den Knien.

»Wir haben ein Problem«, sagte Tom.

»Besser gesagt: die Insel!«

»Oha«, machte Jack. »Das klingt ernst.«

»Ist es auch«, sagte Ranja aufgeregt. Vor Jack Sattles Tür zu stehen – der Legende der Insel –, war mehr, als sie sich für ihre ersten Wochen auf Sauritius erhofft hatte.

»Und du bist die Neue im Bunde?«, fragte Jack und betrachtete Ranja aufmerksam.

»Jack Sattle ...«, murmelte sie.

»Meinen Namen kenne ich«, antwortete Jack, »aber wie ist deiner?«

»Ranja Chillingworth«, sagte Ranja und schluckte. »Vulkanologin. Also, angehende Vulkanologin.«

»Wow«, machte Jack anerkennend. Dann lehnte er sich in den Türrahmen. »Wie kann ich euch helfen?«

»Der Tidde produziert Magma«, sagte Tom. »Ich war mit Finn über dem Vulkan.«

»Oh Schei...benkleister!«, fluchte Jack. »Wissen die Procters Bescheid?«

»Noch nicht«, sagte Onea. »Also zumindest nicht vom Magma.«

»Nur vom Grummeln«, ergänzte Freddy. »Aber das hat sie nicht interessiert!«

»Was?«, fragte Jack verwundert. »Das kann ich nicht glauben!«

»Wir waren gestern bei ihnen. Bei einem Ausbruch haben die Forscher keine Lösung für die Dinos.«

Ranja sah aus, als wäre ihr das peinlich. »Meine Mutter ist genau wie alle Forscher im Camp eine echte Theoretikerin.« Sie zuckte mit den Schultern. »Also müssen wir uns etwas überlegen, was im Falle eines Ausbruchs die Dinos rettet.«

»Verstehe«, sagte Jack. Dann strich er sich durch seine Haare. »Und das vor dem ersten Kaffee ...«

Es vergingen einige Sekunden, die den Kindern ewig vorkamen.

»Kommt erst mal rein«, sagte Jack dann.

»Wir dürfen keine Zeit verlieren«, mahnte Ranja. »Es bleiben uns vielleicht nur achtundvierzig Stunden!«

»Wir müssen die Meldung durchgeben ... die Evakuierung

der Insel …«, sprach Jack laut vor sich hin, während er Wasser für seinen Kaffee aufsetzte.

Auf Sauritius wurde das mit einem Filter über der Tasse gemacht. Jack kramte zerstreut in einer Schublade herum. »Mist, die Filter sind alle. Ohne Kaffee kann ich nicht richtig denken!«

Freddy zog seinen rechten Turnschuh aus und streifte seine Tennissocke vom Fuß. »Nimm das! Funktioniert eins a!«

Tom, Onea, Ranja und Jack sahen ihn an.

Dann brachen alle in lautes Gelächter aus.

»Wir finden eine Lösung für die Dinos«, sagte Jack zuversichtlich. »Mit oder ohne Kaffee!«

Der Plan D erwies sich als schwierig. Jegliches Nachdenken brachte die Kinder und Jack immer wieder zu demselben ungeklärten Ergebnis: wohin mit den Dinos?

»Wir müssen die Procters informieren«, sagte Jack. »So oder so!«

»Wenn alle evakuiert werden, hilft niemand mehr den Dinos«, stellte Tom fest. »Das dürfen wir nicht zulassen.«

»Wir können aber auch nicht das Leben aller Menschen hier riskieren«, sagte Jack.

»Deshalb ja Plan D. Die Dinos müssen gerettet werden.« Onea sah entschlossen in die Runde, die sich um Jacks Küchentisch versammelt hatte.

»Okay, dann noch einmal von vorne«, überlegte Jack laut. »Die Dinos bleiben. Das heißt, wir müssten die Lava in den Griff kriegen.«

»Stimmt«, sagte Ranja. »Die Lava darf nicht die ganze Insel erreichen.«

»Wir müssten sie leiten können ...«, dachte auch Onea weiter.

»Genau«, lachte Freddy, »wir sagen der Lava einfach, wo sie lang muss! Haha!«

»Du bist genial wie immer!«, rief Tom und knuffte seinen Freund in die Seite.

»Ja. Echt?«, fragte Freddy.

»Das ist es!«, rief Onea. »Wir leiten die Lava!«

»Wohin?«, fragte Jack.

»Lava, die auf kaltes Ozeanwasser stößt, erkaltet sofort!« Ranjas Augen leuchteten auf. »Das dauert nur Sekunden!«

»Toll«, sagte Freddy. »Mega, euer Plan D. Aber wie kriegen wir die Lava ins Wasser?«

Jack sah auf. »Mit einem Graben direkt vom Tidde bis hinunter zum Strand! Das dürften nicht mehr als ein paar Hundert Meter sein. Vielleicht ein Kilometer. Wahrscheinlich weniger.«

»Wer soll so einen langen Graben graben, und das in so kurzer Zeit?«

Ranja schaute zu Onea.

Die hatte eine Idee, das konnten alle an ihrem entschlossenen Blick erkennen.

»Die, die es betrifft, müssen graben.«

Tom nickte. »Also alle!«

Freddy schüttelte den Kopf. »Ich kenne meinen Kalle. Und die anderen sind auch nicht anders. Dinos mögen keine Arbeit!«

KAPITEL 8

DER NEUE GEFÄHRTE

Jack hatte die Kinder zur Schlucht begleitet. »Holt so viele Dinos, wie ihr könnt, und bringt alle zum Tidde. Ich suche inzwischen die nötigen Baugeräte zusammen, die wir auf der Insel haben!«

Die Dinos als Lastentiere zu benutzen, fühlte sich für Onea seltsam an. Schließlich waren sie keine Haus- oder Nutztiere. Und Sauritius war kein Bauernhof. Aber was blieb ihnen anderes übrig? Alle Dinos ihrem sicheren Tod zu überlassen, ganz bestimmt nicht.

»Ich rede mit den Procters und meiner Mutter!«, schlug Ranja vor.

»Du bist schneller, wenn du reitest«, sagte Jack.

»Ich habe ja noch keinen Gefährten«, antwortete Ranja.

»Das wird sich bald ändern.«

Spikes Stimme hinter ihnen überraschte die Kinder. Jack hatte ihn auf dem Weg zur Schlucht benachrichtigt und in wenigen Worten über die drohende Gefahr berichtet, in der Sauritius sich befand. Jetzt schlüpfte der Gefährtenlehrer gerade durch die Holztür zur Schule und blickte Ranja dann entschlossen an.

»Wir haben diesmal keine Zeit für lange Eingewöhnungen«, sagte Spike. »Du brauchst einen wendigen, großen Dino.«

Ranjas Augen weiteten sich, als sie sich zurück zur Schlucht drehte. Hier waren heute unzählige Dinos versammelt, einer prachtvoller als der andere. Die Echos der Flugdinos kreischten über der Schlucht, unten hatten sich Pflanzenfresser wie Sauropoden, Brachiosaurier oder Diplodocusse versammelt.

Wie sollte sie wissen, welcher am besten zu ihr passte?

»Geh einfach in die Mitte der Schlucht und warte ab, was passiert«, sagte Spike. »Wenn ein Dino sich für dich interessiert, wird er zu dir kommen.«

»Wir haben doch jetzt keine Zeit für die Gefährtensuche!«, sagte Tom aufgebracht.

»Brauchen wir die Hilfe der Dinos oder nicht?«, sagte Jack lässig.

Das sah Tom ein. Aber er spürte auch, dass ihnen die Zeit davonraste.

Ranja jedoch ließ sich nicht beirren. Sie trat vorsichtig Schritt für Schritt nach vorne. Die Dinos grasten friedlich, keines der Tiere schien sie auch nur zu beachten.

Ranja schluckte ihre Angst herunter. Sie hatte gehörig Respekt vor den Tieren, auch wenn sie sich nichts sehnlicher wünschte, als auf einem von ihnen zu reiten. Keiner interessiert sich für mich, schoss es ihr durch den Kopf, als noch immer kein Dino von ihr Notiz nahm.

»Was mache ich falsch?« Ranja drehte den Kopf und sah Spike fragend an.

»Hab Geduld!«, sagte Spike.

Tom erinnerte sich, dass Spike ihm an seinem ersten Tag in der Schlucht etwas Ähnliches gesagt hatte. Er war der Letzte in der Runde gewesen, den ein Dino erwählt hatte. Wenn er sich heute vorstellte, dass er Finn zunächst gar nicht als Gefährten hatte haben wollen, musste er grinsen. Wie dumm das von ihm gewesen war. Es gab doch nichts Großartigeres, als mit seinem Flugdino über die Insel zu düsen!

Ein auf zwei Beinen laufender Thecodontosaurus rannte im Eiltempo an ihnen vorbei. Doch gerade als er an Ranja vorübergelaufen war, machte er eine Vollbremsung – als hätte er ein heimliches Kommando dafür erhalten. Ranja stand nach wie vor still und unbeweglich da.

Langsam ging der Dinosaurier nun Schritt für Schritt auf sie zu.

»Ein Zweibeiner, wie megacool!«, flüsterte Freddy. »Damit ist Ranja superschnell unterwegs!«

»Wer ist das?«, fragte Onea ihren Lehrer.

Spike hob die Schultern. »Er oder sie hat noch keinen Namen. Muss ich mir dann genauer angucken. Heißt ja auch noch nicht, dass sie sich verstehen.«

Doch da hatte Spike die Rechnung ohne Ranja gemacht. Ihr Herz schlug so schnell, dass sie es regelrecht pochen hörte. Der Thecodontosaurus stand jetzt so nah vor ihr, dass sie ihm in die Augen sehen konnte. Mit seinen zweieinhalb Metern Länge war er zwar einer der kleineren Dinos, aber Freddy hatte recht: Als Zweibeiner war er ein echter Sprinter, der es fast mit dem Tempo eines Flugdinos aufnehmen konnte. Ranja war entschlossen, dem Tier ihr ganzes Vertrauen zu schenken.

»Na, du?«, fragte sie und streckte ihre leere Handfläche aus.

Der Thecodontosaurus schnüffelte daran. Sein Kopf war

nicht besonders groß, aber immer noch schlagkräftig genug, um Ranja mit einem Nicken zu Fall zu bringen.

»Es ist ein Männchen«, sagte Spike. »Ein Jungtier. Sicher nicht älter als drei oder vier.«

Das Tier blieb regungslos stehen, genau wie Ranja. Es herrschte kurz Stille. Selbst das Kreischen der Flugdinos war verstummt.

»Das ist DER Moment!«, flüsterte Freddy. »Grandios! So von außen betrachtet, meine ich.«

Freddy, aber auch Onea und Tom fühlten sich in diesem Moment Ranja sehr nahe. Sie alle hatten genau so einen Moment selbst erlebt. Er war mit nichts zu vergleichen.

Ranja ließ jetzt vorsichtig ihre Hand am Hals des Tieres entlanggleiten. Es beugte seinen Kopf.

»Das war es«, sagte Spike. »Er hat dich erwählt.«

Ranja drehte sich zu ihnen um. Ihre Augen strahlten, als hätte jemand in ihr ein Licht angeknipst.

In diesem Moment rannte der Thecodontosaurus los wie von einer Tarantel gestochen. Er machte mehrere Kreise um Ranja herum, so schnell, dass der Boden aufgewirbelt wurde. Dann kam er wieder wie auf Knopfdruck zum Stehen.

Ranja lachte und wandte sich zu Spike.

»Ich nenne ihn Mad!«

»Das passt.« Spike grinste.

»Ihr werdet ein ziemlich explosives Team sein«, lachte Jack.

Und Freddy klatschte in die Hände. »Jippiiiiiiie!«

KAPITEL 9

ALLE ZUSAMMEN

Jack hatte einige Pflüge und andere große Geräte zusammengetragen, mit deren Hilfe sie eine Furche in die Erde graben wollten. Appi war die Erste, die vor das Ackergerät gespannt wurde. Sie starteten direkt am Fuße des Tidde.

Onea brauchte ein wenig Überzeugungsarbeit, um Appi dazu zu bringen, den Pflug zu ziehen, und um ihr die langen Seile dafür umzulegen. Sie redete ihr gut zu, und Appi beruhigte sich, weil sie ihrer Gefährtin vollends vertraute. Sie spürte, dass Oneas eindringliche Stimme nicht umsonst so hartnäckig zu ihr sprach. Es ging um Leben und Tod – und sie musste mithelfen.

In der Zwischenzeit hatte Ranja mit ihrer Mutter geredet.

»Ihr Forscher forscht. Das verstehen wir. Aber in dieser Situation müssen wir handeln«, hatte sie Mel erklärt. »Und dafür sind Helden und Heldinnen da!«

Mel hatte erkannt, wie gefährlich die Situation geworden war. Und sie war mehr als erstaunt über die Veränderung, die ihre Tochter gemacht hatte, seit sie auf der Insel waren. Aber so war das auf Sauritius: Hier lernten Kinder, ihr Leben selbst in die Hand zu nehmen. Und dazu gehörten auch solche wichtigen Entscheidungen.

Die Procters hatten nach dem Gespräch mit Ranja alle Lehrer und Forscher der Insel mit Schubkarren und Schaufeln ausgestattet. Jacks Freundin, die auch die Direktorin der Dinoschule war, hatte den Unterricht für alle Schüler und Schülerinnen der Reptilia-Schule ausgesetzt. Jack leitete nun alle Inselbewohner zusammen mit Onea und Freddy an. Währenddessen flog Tom hoch über dem Tidde mit Finn seine Kreise, um das Magma zu beobachten. Er würde rechtzeitig Bescheid geben, wenn die rote, kochend heiße Flüssigkeit begann, auszutreten. Es war ein gefährliches Unterfangen, aber alle waren sich einig, dass dies die einzige Lösung für Sauritius war.

Ja, es war das allererste Mal seit den Aufzeichnungen über die Insel, dass alle Inselbewohner gemeinsam an einem Projekt arbeiteten. Bis zu diesem Tag waren die Forscher, deren Kinder, die Lehrer und die Inselbeauftragten immer getrennt voneinander unterwegs gewesen. Aber jetzt hielten alle zusammen.

»Los geht's«, feuerte Jack Appi an, die allen anderen Tieren voranging und die erste Furche zog.

»Gut, weiter so!«, rief Jack.

Währenddessen schaufelten alle Menschen wie wild einen zusätzlichen Graben in Richtung Meer in den weichen Sand. Zum Glück gab es in diesem Bereich kaum Pflanzen, sodass keine verwachsenen

Wurzeln im Weg waren. Doch der Weg, den sie vor sich hatten, war lang ... und die Zeit lief gegen sie. Den Graben in den nächsten vierzig Stunden zu schaffen, war eine Herausforderung.

»Ambitioniert, euer Vorhaben«, meinte auch Professor Procter. »Gefällt mir!«

»Ambi-was?«, fragte Freddy.

»Das heißt so was wie herausfordernd«, erklärte Onea.

»Oder eben, dass wir so sind, wie wir eben sind!«, sagte Freddy.

»Stimmt!«, lachte Onea.

Der frühere Schrecken von Sauritius, das große Flugungeheuer Tody, war ebenfalls mit von der Partie. Für einen Flugsaurier mit einer solchen Spannweite und Kraft war es ein Leichtes, ganze Containerladungen Sand über den Boden zu ziehen.

Bald hatten sie einen beeindruckenden Graben ausgehoben, aber es dämmerte bereits.

»Leuteeeeeeeeee!«, rief Tom von Finn zu ihnen herunter. »Die Lava kommt! Der Vulkan sieht jetzt aus wie ein Topf, der überkocht!«

»Woher weißt du, wie so was aussieht?«, fragte Freddy. »Du hast uns noch nie was gekocht!«

»Du doch auch nicht!«, rief Onea.

»Dafür sind seine Sandwiches Weltklasse!«, sagte Ranja, um zu schlichten. »Habe ich zumindest gehört!«

»Mann«, rief Tom, »wir haben jetzt ganz andere Probleme! Das Magma läuft jetzt über den Rand des Vulkans. Nicht mehr lange, dann ist es bei uns!«

»Du meinst die Lava«, sagte Ranja. »Sobald das Magma bei einem Vulkanausbruch aus der Erde quillt, heißt es Lava. Die Gase, die im Magma eingeschlossen waren, entweichen dann in die Luft. Deswegen unterscheiden sich Lava und Magma in ihrer chemischen Zusammensetzung.«

»Ja, wie auch immer«, rief Tom.

»Wie lange haben wir noch?«, fragte Jack.

»In diesem Stadium haben wir nur noch wenige Stunden. Es hängt von der genauen Strecke ab, die sich die Lava sucht. Anfangs läuft sie immer etwas langsamer. Wenn sie ihren Weg gefunden hat, geht es schneller.«

»Wie lange?«, wiederholte Jack.

»Vier, höchstens acht Stunden«, antwortete Ranja.

»Das ist einfach zu wenig Zeit«, sagte Jack besorgt. »Ich dachte, uns bleiben noch mehr Stunden bis zum Ausbruch.

Die Forscher hier sind alle keine harte Arbeit gewohnt. Es geht zu langsam.«

Ranja und Onea, die neben Jack am Graben standen, schauten ihn ebenfalls beunruhigt an. »Wir haben doch schon alles in Bewegung gesetzt, was die Insel hergibt!«

»Nicht alles.« Jack sah Onea tief in die Augen.

»Oh«, sagte sie. »Ich glaube, ich weiß, was du meinst.«

»Eher wen.« Jack strich sich durch die Haare. »Eigentlich hatte ich mir geschworen, dass damit Schluss ist!«

»Womit?«, rief Tom von oben.

»Hier hören aber auch alle mit«, lachte Jack.

Jetzt kam auch Freddy dazu. »Was wird hier eigentlich so geheimnisvoll konspiriert?«

Onea riss staunend die Augen auf. »Woher kennst du dieses Wort?«

»Ich hab dein Wörterbuch auswendig gelernt, wenn ich nachts nicht schlafen konnte«, sagte Freddy ernst. »Ich hatte die Nase voll, immer alles nachzuschlagen, wenn du redest!«

Onea lachte und blickte in die Runde. »Wenn Freddy ein Wörterbuch auswendig lernen kann, dann können wir auch einen Vulkan bezwingen!«

Die anderen nickten lachend. »Das stimmt!«

Dann sah Onea wieder zu Jack. »Das heißt, du wirst Tyron noch einmal reiten?«

Jack schnalzte mit der Zunge. »Sieht so aus. Wir haben gesagt: alle zusammen. Das schließt auch die Fleischfresser mit ein. Sie sind es genauso wert, gerettet zu werden, wie alle anderen Tiere und Menschen.«

»Und wie willst du ihn davon abhalten, bei dem einen oder anderen hier zuzubeißen?«, fragte Freddy besorgt. »Sag mir bloß früh genug Bescheid, wo ihr graben wollt. Ich werde mit Kalle dann am anderen Ende vom Graben stehen und meine Frühstückspause ausfallen lassen. Ich sage da immer: lieber einen Bissen zu wenig als ein Biss zu viel.«

»Fleisch«, antwortete Onea. »Er wird einfach eine dreifache Dinoportion bekommen. Wenn er satt ist, ist er zwar langsamer, aber eben auch nicht so gefährlich.«

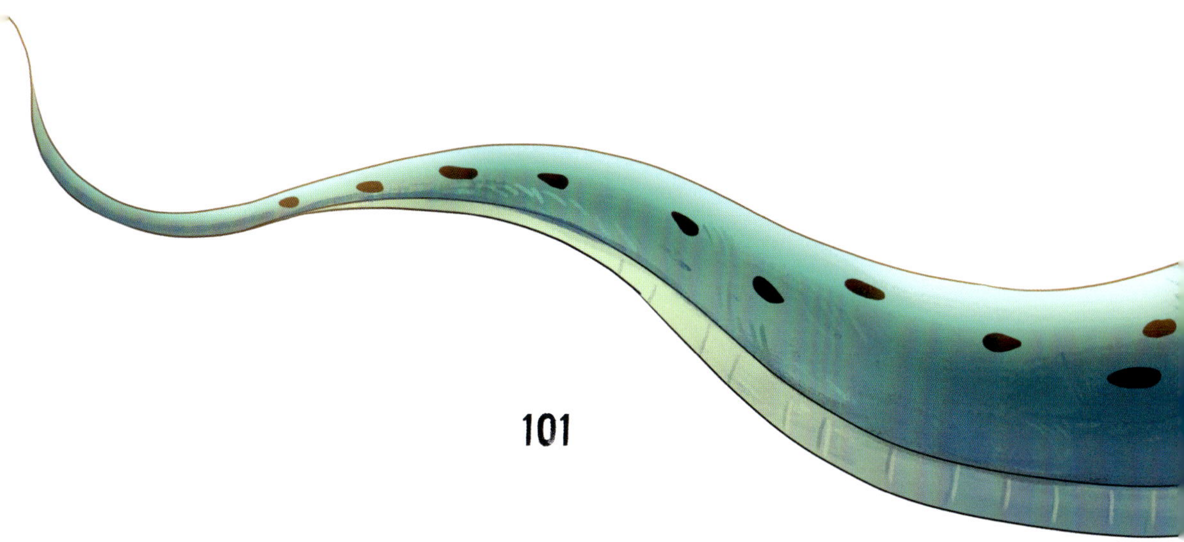

»Leute, ihr schafft mich«, sagte Freddy. »Als ob ein ausgebrochener Vulkan nicht genug Drama wäre.«

Jack lachte nun laut auf. »Wir sind hier auf Sauritius, schon vergessen? Diese Insel gibt es nur einmal!«

Tom war zur Schule geflogen, um die Schubkarren an Fleisch für Tyron in die Schlucht zu bringen, damit Jack mit dem T-Rex sofort dorthin reiten konnte.

Alle anderen machten sich wieder ans Graben. Sie würden bis tief in die Nacht weiterarbeiten müssen, das war klar.

»Ob das gut geht?«, fragte Ranja besorgt, als Jack sich auf den Weg in die Terra machte, um Tyron zu suchen. »Er könnte genauso gut seinen Pick-up vor etwas spannen!«

»Der Pick-up bleibt früher oder später im tiefen Sand stecken«, sagte Onea, »wir haben hier deshalb auch keine großen Fahrzeuge auf der Insel.« Dann hielt sie einen kurzen Moment inne. »Du machst dir Sorgen um Jack, hm?«, fragte sie.

»Natürlich«, antwortete Ranja, »um jeden hier.«

»Aber um ihn besonders.« Onea grinste. »Du schwärmst für ihn.«

Ranjas Wangen röteten sich leicht. »Er ist eben ein Inselheld. Genau wie ihr.«

»Genau wie du«, sagte Onea und klopfte Ranja auf die Schulter. »Auf Sauritius werden Helden gemacht!«

Die Zeit, in der Jack weg war, zog sich für die Kinder wie Kaugummi. »Es dauert so lange«, sagte Ranja, »nicht, dass ihnen etwas passiert ist?«

Onea schüttelte den Kopf. »Tyron und Jack haben eine Verbindung, genau wie wir.« Sie streichelte Appi am Bauch, die fleißig in gleichmäßigen Schritten den Pflug zog.

Auch Ranjas Thecodontosaurus Mad half mit, indem er ein Seil mit einem großen Behälter über den Sand zog. Es zählte jetzt jeder Eimer. Die Sonne ging langsam unter und tauchte die Insel in ein rosafarbenes Licht.

»Es ist so schön hier, es wäre eine Schande, die Insel sich selbst zu überlassen«, seufzte Ranja.

»Dann droht den Dinos dasselbe Schicksal wie ihren Vorfahren, als sie ausstarben. Das lassen wir auf keinen Fall zu!«

Ranja wusste, dass Onea recht hatte. Nur auf Sauritius hatten Dinos die Chance, weiterzuexistieren. Und die Forscher hatten hier die unbezahlbare Möglichkeit, alles über diese Tiere zu erfahren, ohne sich einen Großteil selbst dazudenken zu müssen. Sie wünschte sich, später auch einmal als Vulkanologin auf Sauritius zu arbeiten. Es war schön zu wissen, dass jeder Mensch auf dieser Insel nur aus einem bestimmten Grund hier war: weil er Dinos liebte und sie schützen wollte.

Ranja war so in Gedanken versunken, dass sie kaum bemerkte, dass es inzwischen fast dunkel geworden war. Nur direkt über dem Meer war der Himmel noch glutrot.

»Rooooooooooooooaaaaaaaaaaaar!«, ertönte es auf einmal aus der Dunkelheit. Mit donnernden Schritten näherte sich eine riesige Gestalt. Gelb leuchtende Augen starrten sie aus dem Nichts an.

»Oje«, jammerte Freddy.

»Da sind sie!«, rief Onea.

Ranja war sich beim Anblick des tonnenschweren Fleischfressers nicht mehr so sicher, ob sie sich wirklich über Jacks Ankunft freuen sollte. Einem T-Rex so nah zu kommen – daran konnte man sich einfach nicht gewöhnen. Freddy, wie es schien, am wenigsten.

»Leute, das war echt eine der miesesten Ideen, die ihr je hattet«, rief er zittrig. »Das ist ja wie wenn wir uns freiwillig selbst an Weihnachten für den Festtagsschmaus in den Backofen legen würden.«

Ein lauter Pfiff hallte durch die Luft.

Alle, die gerade noch mit Schaufeln und Graben beschäftigt gewesen waren, hielten inne. Denn Jack hatte Tyron das Zeichen gegeben, stehen zu bleiben. Würde das wildeste Tier der Insel auf ihn hören?

KAPITEL 10

DEN VULKAN BEZWINGEN

»Einfach unglaublich!«, sagte Ranja, als Tyron tatsächlich auf Jack zu hören schien. Mit einem großen Sprung hechtete Jack vom Rücken des T-Rex und kam auf dem weichen Sandboden auf.

»Wir haben Flutlichter aus der Schule mitgebracht«, sagte er und schnallte zwei riesige Säcke ab, die auf beiden Seiten an Tyron herabhingen.

Auch die anderen waren beeindruckt, wie handzahm Tyron in Jacks Gegenwart wirkte.

Ranja musste an ihre letzte Begegnung mit diesem gefährlichen Tier denken. Das war noch gar nicht lange her!

»Wie viel Fleisch hat er bekommen, dass er so ruhig ist?«, fragte Onea.

»Drei Schubkarren-Ladungen Aufbruch!«, rief Jack.

»Aufbruch?«, fragte Ranja.

»Das ist Jägersprache und heißt Innereien«, rief Freddy ihnen hinter einer der großen Schildplatten von Kalle zu.

»Oh, Mister Wörterbuch hat gesprochen«, lachte Onea.

Jetzt war auch Tom gelandet. »Ich werde dir mit Tyron helfen«, sagte er zu Jack. Der nickte stumm. Er wusste genau wie Tom, dass sie wenig Zeit hatten, bis Tyrons Killerinstinkt wieder einsetzen würde.

Nachdem die Flutlichter rund um den Graben aufgestellt waren und auch eines an Appi befestigt war, spannte Jack einen ähnlich großen Pflug wie den, den der Langhals zog, hinter Tyron.

»Los, mein Großer!« Jack pfiff Tyron zu. Der setzte sich mit donnernden Schritten in Bewegung.

Appi drehte den Kopf und blickte Onea mit aufgerissenen Augen an. »Keine Angst«, flüsterte Onea ihr zu. »Für heute sind wir alle eine Gemeinschaft, Fleisch- oder Pflanzenfresser, es geht ums Ganze!«

Dass Appi ihre Worte nicht verstehen konnte, störte Onea

nicht. Denn das Dinoweibchen verstand sehr wohl ihren Klang. Onea merkte es daran, dass Appis Blick sich entspannte und sie kräftig weiterzog.

Dank Tyron kamen sie doppelt so schnell voran. Er hatte eine unbändige Kraft und konnte mit Appi locker mithalten, war sogar zeitweise schneller. Aber er war auch schneller erschöpft.

»Appi ist ein Marathon-Dino und Tyron eher ein Sprinter«, sagte Jack. Sie waren schon so weit vorangekommen, dass sie einige vereinzelte Strandfliederbüsche sehen konnten.

»Jetzt ist es nicht mehr viel!«

Mittlerweile war es finstere Nacht. Einige der kleineren Schüler waren bereits zu Bett gegangen, andere schienen überrascht, dass sie nachts auf der Insel draußen sein durften – aber es war eben eine absolute Ausnahmesituation. Anspannung lag in der Luft. Und so gab es wenige Gespräche, und oft war nur hier und da ein Flüstern zu hören, während alle emsig weiterarbeiteten.

»Da! Der Strand!«, rief Jack. »Wir haben es fast geschafft!«

Doch auf einmal zerriss ein lautes Kreischen die Luft. Finn kreiste über ihnen. Tom war vor einer Weile noch einmal mit ihm zur Spitze des Vulkans aufgebrochen. Sie schienen neue Erkenntnisse mitzubringen.

»Es sind erste Aschewolken zu sehen! Die Lava kommt!«, rief Tom jetzt.

»Oh nein!«

Panik brach unter den Inselbewohnern aus. Einige Forscher nahmen ihre Kinder an die Hand und rannten los.

»Rette sich, wer kann!«

Auch die Procters riefen zum Aufbruch.

»Alle weg hier!«

»Nein!«, schrie Tom von oben, »wenn wir jetzt aufgeben, sind wir alle verloren!«

»Los, schneller!«, feuerte Onea Appi an.

Auch Freddy, der fast im Halbschlaf auf Kalle gesessen hatte, trieb seinen Gefährten erneut an. »Komm schon, es gibt nachher auch die doppelte Portion. Wenn wir dann noch leben!«

Tyron brüllte nervös. »Roooooooaaarr!«

Jetzt hieß es Nerven behalten.

Jack pfiff erneut scharf, und Tyron rannte wie von einer Tarantel gestochen los und zog den Pflug hinter sich her. »Ja, weiter so!«

Es waren nur noch wenige Meter bis zum Wasser.

»Die Furche ist gleich fertig!«, brüllte Jack zu Tom hoch. »Wie lange haben wir noch?«

»Soweit ich das sehen kann, ist die Lava bald am unteren Teil des Vulkans angekommen«, rief Tom von oben. »Sie fließt immer schneller!«

»Gleich fließt sie entweder in unseren Graben oder überallhin«, rief Jack. »Ich hoffe, unser Plan klappt. Wenn nicht, müssen wir uns sofort in Sicherheit bringen!«

»Ich fliege zum Anfang des Grabens zurück!«, brüllte Tom.

»Gib uns Bescheid, so schnell du kannst!«

»Jetzt hätte ich auch gerne einen Flugdino«, rief Freddy mit bebender Stimme. »Dafür würde ich sogar Loopings in Kauf nehmen!«

»Und das bei deiner Höhenangst!« Onea war eigentlich gar nicht nach Scherzen zumute, aber verzweifeln durfte jetzt niemand von ihnen. Jede Sekunde zählte!

Appis Beine berührten das Wasser, das in dieser Nacht ganz ruhig war. Der Ozean wirkte so flach, dass sich die Sterne darin zu spiegeln schienen.

»Weiter!«, spornte Onea ihre Gefährtin an. »Wir haben es fast geschafft!«

Doch der nasse Sand war schwer zu durchpflügen, und auch wenn nur wenige Wellen den Strand erreichten, so verschlossen sie doch den gerade gezogenen Graben wieder.

»Die Lava muss nur das Wasser erreichen«, rief Ranja. »Danach läuft jede Schicht über die erste, und es bildet sich eine Art Brücke.«

»Da!«, rief Freddy und deutete hinter sich.

Eine rot glühende Schlange bahnte sich ihren Weg durch die Dunkelheit.

»Es hat geklappt!«

Tom war zurück und flog wieder direkt über ihnen.

»Die Lava folgt dem Graben!«

»Juhuuuuuu!«, riefen Tom, Onea und Freddy einstimmig. »Der Plan D klappt!«

»Es muss bis zum Wasser klappen«, rief Ranja besorgt. »Die Lava darf nicht vorher stocken!«

Doch mit der Wucht, mit der die Lava nun auf sie zuschoss, hatte keiner gerechnet.

»Zur Seite!«, brüllte Jack. »Los! Ihr müsst weiter weg!«

Tyron stieß ein lautes Gebrüll aus, und Jack spürte, dass er den T-Rex nicht mehr im Zaum halten konnte. Das war das Zeichen für alle Dinosaurier, die Flucht zu ergreifen.

KAPITEL 11

NEUES LEBEN

Im sanften Licht des Sonnenaufgangs floss der rote Lavastrom direkt ins Meer.

»Jaaaaaa!«, schrie Onea.

»Jaaaaaaaaaaaaaa!«

»Wir haben es geschafft!«

»Jippiiiiiiie!

»Juhuuuuuuu!«

Von allen Seiten hallten erleichterte Siegesrufe über den Strand. In diesem Moment sprang Jack von Tyron. Der schüttelte sich so stark, dass das Seil mit dem Pflug hinter ihm riss. Mit nur einer Bewegung hatte er sich befreit.

Jack breitete seine Arme weit aus und sah dem Tier direkt in die Augen. Tyron brüllte erneut, dann schüttelte er sich, drehte ab und verschwand hinter den Büschen eines besonders großen Strandflieders zurück ins Innere der Insel.

Die Lava floss in das Meerwasser und erkaltete augenblicklich. Es war unglaublich mitanzusehen, wie sich in Windeseile eine Art Strandbrücke aus Gestein bildete.

»Die Insel wächst«, sagte Ranja erleichtert.

»Und es entsteht neues Leben«, fügte Onea zufrieden hinzu. Sie spürte, wie sich ihr Herzschlag langsam beruhigte.

»Geschafft!« Mit einem breiten Grinsen im Gesicht sprang

Tom von Finns Rücken. Er und Ranja nickten sich kurz anerkennend zu.

Dann scharten sich die Kinder um Jack.

Die ersten Sonnenstrahlen blendeten ihre Blicke.

»Wir haben es wirklich geschafft. Zusammen.«

Onea war sich nicht sicher, ob Tom feuchte Augen hatte oder es das grelle Morgenlicht war. Wie auch immer – es stimmte. Sie hatten es geschafft. Als Gemeinschaft. Alle zusammen, Menschen und Tiere.

»Wer hätte gedacht, dass Fleisch- und Pflanzenfresser auf Sauritius mal zusammenhalten würden?« Jack lachte und legte den Arm um Onea und Ranja.

»Auf Sauritius ist eben alles möglich«, rief Freddy und zog Tom in die Gruppenumarmung hinein.

»Alles und noch viel mehr!«

DiNOLEXiKON

Hadrosaurier

auch »Entenschnabelsaurier« genannt, sind pflanzenfressende Saurier der späten Kreidezeit. Sie gehören zu den Dinosauriern auf Sauritius, die sich am erfolgreichsten vermehrt haben: Bis heute sind über 30 Gattungen bekannt. Bei den Reptilia-Schülern sind die »Enten« der Insel, die überall herumstreunern, sehr beliebt.

Ceratopsia

Naher Verwandter des Triceratops, aber etwas kleiner und weniger kampflustig.

Oculudentavis

Eidechsen- oder Vogeldinosaurier. Sehr klein und wendig, der Oculudentavis liebt die warme Erde und das Klima auf Sauritius.

Velociraptor

Mit einer Länge von bis zu zwei Metern ist dieser Dino der Gattung Dromaeosauridae auf Sauritius eher ein Winzling. Der gefiederte Fleischfresser kann auf zwei Beinen laufen, hat einen langen, steifen Schwanz und eine vergrößerte, sichelartige Kralle an der zweiten Zehe des Hinterfußes, die sehr praktisch zum Jagen ist.

Sauropoden

Der Sauropode ist ein enger Verwandter des Brontosaurus. Er wird auch als »Echsenbeckendinosaurier« bezeichnet und kann bis zu 30 Meter groß und bis zu 70 Tonnen schwer werden. Auf Sauritius gibt es nur eine Handvoll Dinos dieser Art, sie leben friedlich in Koexistenz mit anderen Pflanzenfressern.

Thecodontosaurus

Dieser Dino ist sehr wendig! Mit nur 2,5 Metern Länge ist er zwar recht klein, aber aufgrund seiner Fähigkeit, nur auf den Hinterbeinen zu laufen, einer der schnellsten Dinosaurier auf der Insel.

Diplodocus

Der Diplodocus ist einer der auf Sauritius am meisten erforschten Sauropoden. Das sehr große Tier besitzt einen langen Hals und einen langen Schwanz, den es wie eine Peitsche knallen lassen kann. Die Vorderbeine sind kürzer als die Hinterbeine, deshalb wird dieser Dino von den Reptilia-Schülern auch »Hängebrücken-Dino« genannt.

LESEPROBE BAND 5

FLUCHT VOR DEM HURRIKAN!

»Ganz schön windig hier«, sagte Freddy und schob sich ein paar Locken aus dem Gesicht. »Dabei ist es noch nicht mal richtig Herbst.«

»Auf Sauritius gibt es doch gar keine Jahreszeiten«, bemerkte Onea. »Zumindest nicht so, wie wir sie aus Europa kennen. Oder hast du hier schon mal Schnee gesehen?«

»Auf so eine richtige Schneeballschlacht hätte ich allerdings mal wieder Lust!«, sagte Tom. »Aber es wäre ja sowieso klar, wer gewinnt!«

»Huhhuuuu, hier kommt die riesige Schneelawine!« Freddy schob sich bäuchlings von einer kleinen Düne herunter, die sich direkt am Strand anscheinend neu vor ihnen gebildet hatte. »Ich gewinne natürlich!«

»Sagt mal, kommt es mir nur so vor, oder war diese Düne gestern noch nicht da?«, sagte Onea nachdenklich.

Tom schüttelte mit dem Kopf. »Du hast recht, das ist irgendwie komisch. Ich meine, so schnell bilden sich hier doch keine neuen Dünen.«

Er legte sein Brot beiseite, das er gerade erst für ihr Strandpicknick ausgepackt hatte. Die rot-karierte Picknickdecke unter ihm wehte immer wieder an den Ecken hoch und runter.

»Isst du das noch?«, fragte Freddy, der eine Handvoll Trauben in der Hand hielt. »Käse macht sich nämlich gut zu Trauben, das ist eine alte Feinschmeckerregel, und wenn du es nicht magst, ja dann ...«

»Aber wann war es derart windig?«, fragte Onea und stand auf. Sie richtete ihren Blick auf den Horizont. Das Meer war heute wilder als üblich, fiel ihr auf.

»Wir liegen direkt am Meer, vor uns begegnen sich gleich zwei Ozeane, der Atlantik und der Pazifik. Da kann es schon mal stürmisch werden«, gab Tom zu bedenken. »Aber seltsam ist es schon.«

»Nicht nur seltsam. Sondern höchst auffällig!«, sagte Onea, und ihr Ton klang alarmiert.

»Was ist denn jetzt mit dem Käse …?« Freddy wedelte mit den Händen um sich. »Hooaah, jetzt habe ich Sand im Mund! Ich kann Wind beim Essen echt nicht leiden!«

»Meinst du, da braut sich etwas zusammen?«, fragte Tom Onea. Beide blicken nachdenklich über das vor sich hin schäumende Meer.

»Was auch immer es ist, es ist nichts Gutes«, murmelte Onea.

»Also, ich verstehe das nicht«, sagte Freddy unbekümmert. Er hatte sein Sandproblem gelöst, indem er die Trauben mit den Lippen einsaugte. Das Geräusch erinnerte an einen kaputten Staubsauger.

»Ein bisschen Wind um die Nase hat noch niemandem geschadet. Ist ja nicht so, dass hier sonst keine größeren Gefahren warten. Neben Gefressenwerden, irgendwo abstürzen und in Felsspalten verschwinden, von Lava verschluckt oder von einem Meeresmonster in die Tiefe gezogen werden, ist Wind doch geradezu ein Kinkerlitzchen!«

»Es ist ja nicht einfach nur Wind«, sagte Onea. »Irgendwas hat sich hier am Wetter verändert. Wenn der Wind so konstant weht, dass über Nacht neue Dünen entstehen, hat sich etwas entwickelt, das wir noch nicht kennen.«

»Gut, also wir halten fest: Das Wetter hat sich verändert!« Freddy griff nach Toms Käsebrot. »Wie spannend! Nicht.«

»Das lässt mir keine Ruhe. Ich will zur Zentrale und die Warnsysteme überprüfen!« Onea sprang auf.

»Ich komme mit!«, sagte Tom und begann, eilig alles in seinen Rucksack zu stopfen.

»Na toll, das war´s also mit dem romantischen Picknick!«, seufzte Freddy.

Onea und Tom sahen ihn fragend an. »Romantisch?«

»Ja, ich weiß. Drei ist einer zu viel. Oder so. Aber immerhin sitzen wir hier direkt am Meer, wir haben frei, in zwei Stunden geht die Sonne unter und ...«

Tom lachte. »Du spinnst wohl. Bevor es auf Sauritius romantisch wird, sterben alle Dinos auf einmal aus!«

»Und das wissen wir zu verhindern«, schmunzelte Onea.

»Ja, ja, ihr habt ja recht ...« Freddy seufzte erneut sein tiefes Freddy-Seufzen. »Dass wir auch immer so ’ne coole, abgefahrene Abenteuer-Gang sein müssen. Ich habe mir mein Schicksal echt entspannter vorgestellt.«

»Falsche Insel!«, riefen Tom und Onea wie aus einem Mund.

Leseprobe aus »Die Dinoschule – Flucht vor dem Hurrikan!«

Dann lachten sie alle drei.

Was auch immer dieser Wind zu bedeuten hatte, sie würden es herausfinden, dachte Onea. Und nicht mal der neue Lehrer Mr. Grumpy würde sie davon abhalten.

»Kein Mensch braucht Inselhelden!« Was war das überhaupt für ein fieser Spruch von ihm gewesen? Als ob Tom, Freddy und sie das alles nur taten, um unbedingt berühmt zu werden – statt um Sauritius zu schützen. Ruhm hatte ihr noch nie etwas bedeutet, auch wenn sie wusste, dass es bei Tom ein wenig anders war. Aber trotz allem taten sie, was sie taten, weil sie nicht anders konnten.

Und fingen nicht so alle guten Geschichten an?

Leseprobe aus »Die Dinoschule – Flucht vor dem Hurrikan!«

FORSCHER-
CAMP